与最聪明的人共同进化

CHEERS

HERE COMES EVERYBODY

海洋与文明

The Sea

Nature and Culture

［英］理查德·汉布林　著
Richard Hamblyn

张焕香　白云琦　译

浙江教育出版社·杭州

你对海洋了解多少?

扫码激活这本书
获取你的专属福利

扫描二维码
获取全部测试题及答案,
一起了解海洋的奥秘

- 下面关于海洋的说法不正确的是：（   ）

  A. 海洋是地球表面最广阔水体的总称

  B. 海洋的中心部分称作洋

  C. 海洋的边缘部分称作海

  D. 海洋就是大洋

- 离陆地越近，航运的风险就越高吗？（   ）

  A. 是

  B. 否

- 漂流瓶可以用于海洋研究吗？（   ）

  A. 可以

  B. 不可以

扫描左侧二维码查看本书更多测试题

献给

本和杰西

在没有船只的文明中，梦想会枯竭。

米歇尔·福柯，1967

大海如歌

　　1909 年 8 月下旬，西格蒙德·弗洛伊德和卡尔·荣格作为受邀嘉宾，乘坐蒸汽船横跨大西洋，前往美国一所新近成立的大学。他们从德国城市不来梅的港口出发，在海上航行了 6 天。此次航行对 34 岁的荣格产生了深远的影响，他在日记中写道："**大海如歌，它蕴含着灵魂的所有梦想，并在滔滔流水中将其演绎。**"[1]他们俩深深为大海着迷："大海的美丽壮阔在于，它使我们不知不觉进入自己肥沃的心田。"在巡回演讲结束之后，两人迫不及待地踏上归程。"我非常期待再次回到大海的怀抱。"荣格写道，"在大海无限的平静与广阔之中，饱受刺激的心灵也能得以平静。"回家的旅程虽然远谈不上平静，但也没有令他们失望：

　　　　昨日，暴风雨肆虐了一整天，临近午夜才得以平静。大半天的时间里，我一直站在船头的桥楼下，在有护栏的高处，欣赏这壮观的景象：山一般的巨浪卷起，将翻滚的云状泡沫倾泻到船上。船开始剧烈地摇晃起来，有好几次我们都被咸咸的海浪淋湿了。直到天渐渐变冷了，我们才进船舱喝茶。[2]

荣格出生于瑞士，但在他的人生历程中，海洋仍然是他潜意识深处最重要的东西。海洋既令人着迷又令人恐惧，既庄严又令人敬畏，而且永远无法轻易跨越，正如温斯洛·霍默（Winslow Homer）的油画《海滩傍晚》（*The Beach, Late Afternoon*）给人带来的神秘感（见图 0-1）。维克多·雨果说："在世界上所有混杂的物质中，海洋是最不可分割的，也是最深奥的。"雨果的这句话表达了本书的一个重要思想，但出于篇幅考虑，本书只能在表面上触及海洋这一博大且深不可测的主题。[3]但从各方面来说，海洋都是浩瀚的：从物理意义上讲，它覆盖了地球表面 70% 以上的面积；而从概念上讲，它满足了人类所有的想象。对于一本如此简短的书来说，除了对海洋及其多重意义进行最简短的历史概述，不可能进一步深入了。

图 0-1　温斯洛·霍默于 1870 年创作的木版油画《海滩傍晚》

注：这幅画描绘的是马萨诸塞州海滩上令人深思的景象，是这位艺术家从法国回来后不久创作的。

本书后面的章节是一场从入海口到海洋深处的文化地理之旅，这趟旅程始于海岸线的地形，终于海洋环境的未来前景。在这一旅程中，人们把海洋看作从事工作、锻炼耐力、吟咏遣兴之旅，看作战争与和平之地。从早期乘坐独木舟的太平洋航海家到文艺复兴时期的环球航海家，海洋一直都是文化传播的通道，而到如今这个时代，海洋仍然是全球贸易的通道——世界上 90% 的商品都是通过集装箱船运输的，这些集装箱船通过广阔的水域，跨越国界，在被人们遗忘的海洋中从一个港口到达另一个港口。[4]

关于海洋（sea）、水域（water）、大洋（ocean）这几个词，我们需要对其进行界定。海洋不同于大洋，它是陆地与大洋相互作用的复杂区域。因此，海洋的表现方式以及人们对海洋的体验和理解方式不同于大洋。这里借用 W.H. 史密斯（W. H. Smyth）船长于 1867 年编写的《水手词汇手册》(*Sailor's Word-Book*)一书中的定义对两者进行区分："严格来讲，海洋是继大洋之后的第二大水域。但在特殊意义上，海洋指被陆地包围的大片水域，如黑海、白海、波罗的海和地中海；一般意义上，海洋是与陆地相对的概念。"[5] 相比之下，世界五大洋[①]实际上连成了一个巨大的咸水体系，形成了独特的环绕性大洋。无论是从地理意义上还是象征意义上，海洋都位于大洋的边缘。sea 一词往往以复数形式出现，如 the seven seas（七大海）。最初，七大海指的是美索不达米亚人和早期希腊地理学家所熟悉的爱琴海、亚得里亚海、地中海、黑海、红海、里海，以及波斯湾（阿拉伯湾）；到了中世纪，七大海指的是北海、波罗的海、大西洋、地中海、黑海、红海和阿拉伯海；而在大航海时代之后的几个世纪里，七大海是北冰洋、大西洋、印度洋、太平洋、地中海、加勒比海，以及墨西哥湾。当然，这并非"七大海"这个词的完整变化过程。[②]1953 年，国际水文组织承认了 70 多个水域为"海"，

---

① 太平洋、大西洋、印度洋、北冰洋和南大洋。2021 年 6 月 8 日，美国国家地理学会宣布南极洲周围的海域被称为南大洋，也就是世界第五大洋。——编者注

② "七大海"不是单纯的地理概念，而更多是语言和文化上的概念。西方人将其认知中的七个主要海域称为七大海，而随着历史的变化，如地理大发现，七大海的含义也随之发生了变化。——编者注

但其中并不包括咸海、里海、死海或索尔顿湖等内陆咸水湖，也不包括加利利海等淡水湖，因为这些湖并不属于世界海洋。[6]

这样的地理语义学研究具有深远的意义。以里海这个世界上最大的内陆水域为例，它并未被正式认定为海洋，因此长期以来，其沿岸的五个国家[①]之间的政治关系极其复杂，同时其水域下丰富的石油和天然气资源的所有权问题也变得很复杂。作为湖泊，里海的资源由其邻国之间按比例共享；但若作为海洋，里海则受《联合国海洋法公约》约束，按照该公约，各国可以通过俄罗斯的伏尔加河以及连接俄罗斯、黑海和波罗的海的运河进出此国际水域，同时可以大规模开采里海的石油。所以海岸线较长的国家历来倾向于将里海归类为海洋，而海岸线较短的国家则倾向于将里海归类为湖泊。2018 年 8 月，里海沿岸五国在历经 20 年的僵持后，签署了《里海法律地位公约》，赋予了里海独特的法律地位：里海既不是湖泊，也不是海洋。如今，该五国中的每个国家都对距里海海岸线 15 海里的水域拥有领海主权，可以在此水域中进行矿产和能源勘探，同时可以在领海外延伸 10 海里的水域内进行捕捞——世界上 90% 的鱼子酱都产自里海。其余的水域在未来经谈判达成一致之前继续由五国共享。

sea 虽是一个简单的短音节词，但译者在翻译它时却面临着巨大的挑战。本书的书名是指单数 the sea，还是复数 the seas 呢？是指 1 个普遍的水域，还是 7 个，抑或是 70 多个水域呢？这个问题不好回答，《海底两万里》的译者们长期以来一直受其困扰。儒勒·凡尔纳的这部小说（法语版）于 1870 年出版（见图 0-2）。因为凡尔纳在小说中运用的词 mers 指的是七大洋，小说的叙述者皮埃尔·阿龙纳斯教授曾乘坐尼摩船长的鹦鹉螺号在七大洋上航行，因而译文应该把小说名称中的 mers 译为复数形式。然而，尽管刘易斯·佩奇·默西埃（Lewis

---

① 阿塞拜疆、俄罗斯、哈萨克斯坦、土库曼斯坦和伊朗。

Page Mercier）在 1872 年出版的第一个英译本中，将小说名称中的 mers 翻译成了复数形式的 seas，但是后来的大多数英译本将其简化译为单数形式。不过，包括由威廉·布彻（William Butcher）1998 年出版的《牛津英文经典》（*Oxford World's Classics*）中的版本在内，最近的几个译本又将该词还原为最初的复数形式。[7]

图 0-2　儒勒·凡尔纳的《海底两万里》第二版的卷首插图

　　凡尔纳本人也曾为小说的名称而纠结过。他曾在"水下旅行""水下两万里""水下两万五千里""海底两万五千里"和"海底两万里"这几个名称间犹豫。人们对 sea (s)、water (s) 和 ocean (s) 这三个同源词一直存在疑问，人们在陆地上谈论海洋时，很少能轻松自如地使用关于海洋的词汇表达。在后面的章节中，我们会看到，长期以来，海洋一直是个语言工厂，靠海为生的人们创造了大量的俚语和隐语。如有人可能会说 to the bitter end（表面意思是"到苦的尽头"），但是 1653 年约翰·史密斯（John Smith）船长在他编写的《海员语法手册》（*Seaman's Grammar*）中解释道："为了方便没有海上生活经验的读者，a bitter end 指的只是将一根缆绳绕在系缆桩上……the bitter's end 是指固定在甲板上的那部分缆绳。"[8]

　　生活在陆地上的人们总是梦想着去航海。有一首古老的英文诗，名为《航海者》（*The Seafarer*），这首诗创作于约公元 750 年，据称内容是一位年长的水手在回忆自己的海上生活，但鉴于诗中表达的矛盾情绪，文学研究者如今将其解读为一位老水手和一位年轻冒险者之间的对话，两人为未来的海上航行激动不已：

———

> 我的灵魂在辽阔的海上驰骋，
>
> 乘风破浪，遨游到远方，
>
> 来到世界尽头，又立刻返航，
>
> 热切地，渴望着；
>
> 孤独的飞鸟向你致意，
>
> 我的灵魂永不停息地在海上航行，
>
> 越过滔滔海浪。[9]

———

　　正如诗中所表述的那样，人们很容易把海洋想象成一个盛载着憧憬、冒险和创新的地方。对于古希腊人来说，nostos（回家）的文学意义使他们联想到英雄的海上航行，英雄结束海上航行返回家乡，实现了华丽变身，就像荷马史诗中的奥德修斯一样；而对维京人来说，他们的长船能快速穿越北海，因而，海洋不仅被拟人化为海神埃吉尔，还成为他们通往财富和荣誉的道路，但这一条路也充满咸腥苦涩。从荷马时代至今，海洋那充满诱惑的呼唤一直是人们创作的焦点。雕塑家安东尼·葛姆雷（Antony Gormley）于 1997 年创作的大型装置作品《别处》（*Another Place*）就令人不安地将海洋的呼唤人格化了。这件作品由 100 个真人大小的铸铁雕塑组成，它们分布在默西塞德郡克罗斯比海滩上，从不同视角眺望着爱尔兰海（见图 0-3）。潮涨潮落，这些雕像每日有两次被淹在海水中。该作品最初设计于 1995 年，当时临时放置在德国北海海岸库克斯港外的泥滩上。葛姆雷为该作品提交的书面方案是他迄今所写的最为详细的一份，在文案中他概述了该作品的规模：

　　这件作品占地 1.75 平方千米，放置在潮汐线沿线，雕像间距为 50 ～ 250 米，并沿地平线绵延 1 000 米，全部都面向地平线……它们立于沙滩之上，越靠近海岸的雕像被海水淹得越深。退潮时雕像完全可见；涨潮时，雕像立于水中，海水可涨至其颈部。[10]

图 0-3　安东尼·葛姆雷的装置作品《别处》局部照片

注：该作品位于默西塞德郡克罗斯比海滩上。每日涨潮时，这 100 个真人大小的铸铁雕像会渐渐被淹在海水中，甚至被淹没。

　　这件装置作品的放置地点在繁忙的港口附近，这样人们可以与雕像进行一系列互动。如渡轮和集装箱船经过时，人们可以瞥见半个身子淹没在海水中的铸铁雕像面朝着无边无际、灰蒙蒙的大海，而在海滩上野餐的游客可以与雕像进行更多的互动。在放置雕像的 100 个地点中的任何一个观看，都不可能将整个作品尽收眼底，必须随着时间的推移和距离的变化把它们组合在一起。而且因为泥滩是陆地和海洋的交界处，泥滩的地形也使海岸上的地形更复杂。在荷兰，雕塑之间的空间可用于进行一种特殊的远足方式，即泥滩漫步，人们徒步探索瓦登海广阔的泥滩，体验极简的地貌。在泥滩漫步时，人们必须专注，使每一步都踩在安全的地方。退潮时，泥滩会一直延伸到离海岸 20 千米的弗里西亚群岛，因此，在涨潮前，人们会雇用向导把掉队的人带到安全的地方。老普林尼在得知弗里西亚群岛的泥滩每日会发生两次变化后，他疑惑了：不知道这些地方究竟属于陆地还是海洋。潮水的频繁涨落模糊并混淆了地球上的一个基本边界，即"有序的自然界和无序的海洋之间的界线"。[11]

　　虽然《别处》最初被安放在了特定地点，但此后它还是搬了几次家，第一次是在 1998 年，它被搬到了挪威斯塔万格附近的一个峡湾，随后被搬到比利时的度假胜地德帕内，最终在 2007 年，它在英格兰西北部找到了自己永久的归宿。这个永久的归宿是冲浪者、海岸警卫队和环保主义者等当地利益团体经过长时间的谈判后确定的，因为他们担心该装置会影响公共安全，对当地环境产生影响，特别是对候鸟的生活产生影响。葛姆雷曾指出，《别处》的最终安放地点，即利物浦锡福斯码头附近的一处非海滨浴场的海滩，与最初的安放地点库克斯港有着密切的关系，两地地形相似，而且均具有以迁徙和流离失所为标志的海洋史及殖民史。1807 年 7 月，英国最后一艘合法运奴船基蒂阿米莉亚号（Kitty's Amelia），从利物浦港口出发，途经克罗斯比海滩，前往贝宁湾运送最后一批奴隶。虽然废除奴隶贸易的法案已于 1807 年 5 月生效，但基蒂阿米莉亚号在 4 月底，也就是法案生效前几天，获得了航行许可。因此，当它经由塞拉利昂的奴隶贸易港口起航前往巴巴多斯时，它的航行是在法律允许范围内的，但这终将是英国船只最后一次合法的奴隶贸易航行了（见图 0–4）。

图 0-4　海上奴隶贸易

注：1838 年 5 月，葡萄牙奴隶船勤奋号（Diligente）在前往巴哈马群岛的途中被英国海军扣押，当时该船正被用于非法奴隶贸易。英国海军在船上发现了大约 600 名奴隶。英国皇家海军中尉亨利·霍克（Henry Hawker）当场画了这幅水彩画。

距《别处》最后一次搬迁已经过去了许多年，但它仍在讲述流离失所的故事，尤其是在当今地中海移民危机爆发，因气候变化导致的移民问题在未来几十年可能会升级的背景下。2017 年 11 月，德国《每日镜报》（Der Tagesspiegel）公布了过去 20 年间在去往欧洲途中溺亡的 33 293 名难民和移民的名字，这个数字还在逐年上升。对于想要远行的人来说，海洋既是一座桥梁，也是一道屏障，是生与死之间的一道门槛，因此保持海上航线的畅通非常重要。2020 年，1 000 多名移民在横渡地中海途中溺水身亡，另有数十人在英吉利海峡丧生。对许多人来说，这是一段漫长而痛苦的旅程。

葛姆雷将他的作品安放在海边，由此也提出了一系列关于我们与海洋自然、海洋文化的关系问题，他写道："时间要经受潮汐的考验，建筑要经受自然的考验，而天空的无垠似乎在质疑地球的存在。在这个作品中，人类的生命要经受行星时间的考验。"[12] 葛姆雷所造的雕像经过海水浸泡，如今有些身上还覆盖着藤壶，这不禁让人想起：海水水位在不断上涨，脆弱的海岸线不断被海水淹没，以及人类源于海洋的返祖现象不断出现。这些铸铁雕像凝视着地平线，仿佛在震惊于自己的所见所闻，也仿佛在默默尝试理解浩瀚海洋的涨落。

1

Shorelines

海岸线

海洋标志着万物终结。在那里，生命停息，未知开启。

乔纳森·拉班（Jonathan Raban），1986

《沿岸航行》

Coasting

我的童年是在康沃尔西部度过的，那是一个古老的半岛，盛产花岗岩，雨水充足。在那里，英格兰的陆地幽然潜入海洋。在我家附近的小石滩上，我和哥哥一玩就是几个小时，我们向水中扔鹅卵石，瞄准水中移动的目标，或是比谁扔得最远，而父亲则在玻璃纤维船上咔嗒咔嗒地走来走去。尽管过了快 50 年了，我还是能回想起当时海水的咸腥味（见图 1-1）。

如今，我在伦敦工作和生活，我思念大海，这种思念有时无以言表：当我们沿着卡里克湾驶向法尔茅斯和英吉利海峡时，海洋的声音、味道，以及海盗冒险的痕迹在灰色的地平线上一闪而过。

海岸线是过渡地带，是海水和陆地交叉过渡的基本边界，其对沿海居民认知世界起了很大作用。"海洋的起点和终点在哪里？"这个问题看似简单，那是因为海岸线很容易界定。

图 1-1　海岸线上的童年

注：1970 年左右，我和哥哥在康沃尔郡菲奥克的海岸线上玩耍。

　　《牛津词典》将海岸线定义为"海岸与海水的交汇处"。但人们想找到海岸线并不容易，因为海岸线形态多变，其轮廓会随着潮汐消失和再现，而且这个过程每日重复两次。目睹潮水侵蚀陆地，又看着潮水在 6 个小时后缓缓退去，这既是一种身处当地海边的体验，也是一种对宇宙空间的体验。

　　太阳和月球给旋转着的地球上的水域施加了强大的引力，因而潮涨潮落的分界线只是天体相对运动的可见轨迹。在月球引力的作用下，海水会涨潮，然后，在惯性力作用下，涨潮的海水又被拉回。这种在海面上周期性涨落的浪潮就是每天出现两次的潮汐。

　　在公元前 4 世纪亚历山大大帝进行远征之前，潮汐一直令人们既恐惧又着迷。亚历山大大帝麾下的将军们因习惯了几乎没有潮汐的地中海，因而，据说他们在看到印度洋水域的潮涨潮落时感到非常震惊（见图 1-2）。

图 1-2 亚历山大之海战

注：这是印度诗人阿米尔·库斯劳·迪拉维（Amir Khusrau Dihlavi）于 1597 年至 1598 年所作的
《卡穆沙》（*Khamsa*）手稿的插图。

乔纳森·拉班认为，观看海浪向前奔涌、破碎是"一种引人深思、令人感到忧郁的消遣活动"，而海岸线长期以来就与沉思和忧郁联系在一起（见图1-3），如莎士比亚十四行诗的第60首中有这样一句："像波涛涌向铺满沙石的海岸，我们的时辰也匆匆奔向尽头。"① 在马修·阿诺德（Matthew Arnold）于1867发表的《多佛滩》（Dover Beach）中，海洋奔涌的声音让人不禁回想起人类历史的波澜起伏：

> 月色中苍白的大地与海相接，
> 听啊！听那聒噪吼叫，
> 巨浪翻卷卵石，一次次拉回海底，
> 一次次又抛向高滩，反复循环，
> 此起彼伏，永不停息，
> 那节奏舒缓，那旋律震颤，
> 这永恒的曲调饱含悲切哀怨。1

图1-3　海边的忧郁

注：1932年10月，南荷兰省斯海弗宁恩的海岸线。

---

① 引自莎士比亚的《莎士比亚十四行诗集》，曹明伦译，河北大学出版社，2008，第121页。——译者注

《多佛滩》这首诗创作于 1851 年夏日，即诗人蜜月旅行期间。该诗刻画了诗人的情绪由愉悦向悲观转变的过程，悲观的情绪似一股扰乱人心的潮水，与诗句"由这混杂的潮汐，想到人世的苦难"相呼应。《多佛滩》的中心主题是"信仰之海"的丧失，是阿诺德早期的诗《再致玛格丽特》（Marguerite）的"滔滔咸水，使人疏远，深不可测"这一典型象征的变体，这两首诗描述的都是悲观情绪。[2] 阿诺德曾把自己形容为"将水视为介于无生命事物与有生命人类之间的人"，他在作品中渲染海洋与河流的形象，用研究阿诺德的学者米里亚姆·阿洛特（Miriam Allott）的话来说，海洋与河流象征着"潜在自我的暗流"，而一旦知道并理解了这部分自我的本性，人便不易过上快乐的生活。[3]

伊恩·麦克尤恩的中篇小说《在切瑟尔海滩上》于 2007 年出版，该小说以蜜月旅行为主线，借鉴了《多佛滩》的很多场景和意象。在这部小说中，涌来的海浪"平稳前后运动时发出温和的隆隆声，冲刷鹅卵石时发出嘶嘶声"，这一切都预示着一场两性悲剧即将来临。[4]

在故事的后面部分，主人公弗洛伦斯在经历了一段令她羞愧的插曲后，跑到海滩上，她的丈夫爱德华紧随其后；他们在海滩上争吵了起来，之后留下爱德华一人独自在海边沉思，任由海浪冲刷着自己的鞋子。小说中这对不睦的夫妻发觉，海岸线会让一切无所遁形，在这里，现代感消退，大自然恢复原始的力量。

小说中，海岸线上的原始力量可以体现在，几个世纪以来的风暴和海浪对海滩上的鹅卵石进行了筛选分级，把它们按照从大到小的顺序从东到西整齐地排列在海滩上："传说当地渔民在夜间抵达岸边时，可以根据鹅卵石的大小，准确判定自己所在的位置。弗洛伦斯曾提议比较一下相距一段距离的几把鹅卵石，这样或许就可以搞清楚这个传说是真是假。"但是，在小说其余情节的展开中，主人公之间产生了阿诺德式的悲剧性误解，这阻碍了他们的沿海调查，之后更是毁掉了他们的余生。[5]

地形

在海水作用下，切瑟尔海滩上近 1 800 亿颗鹅卵石确实是按大小排列的，最小的在西湾（West Bay），最大的在海岸以东 29 千米的波特兰岛。切瑟尔海滩的名字来源于古英语词 cisel，意为"卵石滩"，它是一个广阔的障壁滩（barrier beach），形成于最后一个冰河时代末期，是因大量卵石被冲刷上岸而形成的。200 米宽的狭长海滩后面是弗利特河，这个浅水潮汐潟湖与英吉利海峡并不相通，而且富含化石。英格兰西南部侏罗纪海岸的其他地方也大多如此。

地球上的海岸线由海水侵蚀陆地而成，形态错综复杂（见图 1-4），根据形态的不同可分为水湾、河口、狭长海湾、峡湾、海岬、海滩、连岛沙洲和地峡，它是罗伯特·麦克法伦（Robert Macfarlane）所说的"海水与陆地相互作用"的产物。随着时间的推移，海水可以塑造和调整海岸线的形态，但后者的决定性因素是沿岸物质的相对硬度、柔软度、孔隙度或不渗透性。[6] 如果用描述海岸形态的词语写一首诗，那么，这首诗要表现的是海岸线错综复杂的地理布局以及海岸线形态不断变化带来的分类困难。

图 1-4　海岸线的形态错综复杂

注：该图为阿拉斯加阿德默勒尔蒂岛的海岸，其形态的复杂性体现在以海藻着色的辫状溪流式样上。

海滩有破浪带、冲流带、碎波带、过渡带、后滨、前滨等，人们根据麦克法伦于 2015 年撰写的《地标》（*Landmarks*）一书中的"海岸"部分，即他赞扬全球地形词汇的部分，就能确定有多少单词可以反映海岸形态的多变了，例如描述设得兰群岛的 ar'ris（海面平静前最后一次微弱的潮汐运动），描述康沃尔群岛的 zawn（海浪在悬崖上切出的垂直裂缝或洞穴），描述通道的 gunk-hole（因水流湍急而无法用于航行的狭窄水道）、oyce（卵石滩横亘在海湾前端而形成的潟湖）、tombolo（在海浪作用下形成的连接岛屿和大陆的沙脊）或 vaddel（随海水涨落而注满和清空的海湾）。[7]

上述文字已表明，海岸线的形态不同于海面，人们需要以不同的方式去体验和理解它们，也需要以不同的词语去描述它们。海军上校格林维尔·柯林斯（Greenville Collins）在 1693 年出版的《英国沿海航行指南》（*Great Britain's Coasting Pilot*）一书中，首次对英国海岸线进行了官方勘察，他对海上航行和近海水域航行所需的技巧进行了区分，这一区分令人难忘："马里纳离开了浩瀚的海洋，将船驶入靠近陆地的水域，该水域有潮汐或潮流出现。此时，他的航海技巧就得暂置一旁，因为越靠近陆地越危险。马里纳作为领航人，应该更加小心。"[8]

离陆地越近，航运风险就越高，因海床上升引起的浅水效应会影响海浪、洋流、海床和海岸之间复杂的相互作用。海浪涌入浅水区后，其高度增加但波长变短；随着海浪陡度（波高与波长之比）增大，海浪的稳定性减小。海浪拍击海滩的运动称为"进流"（swash），其反向运动称为"退流"（backwash），进流和退流运动的相对强度和稳定性决定了海浪给船只带来的危险程度。而无论波浪是"崩破波"（spilling wave，较为柔和稳定的波浪，在接近海岸时逐渐破碎）、"卷破波"（dumping wave，低潮波，在浅水区猛力破碎），还是"激破波"（surging wave，不破碎的波浪，能一直保持其力量和动量），都是海水运动形成的。这三种类型的波浪与船只在海上遇到的振荡波（waves of oscillation）不同，振荡波在波峰之间而非海水中传播能量。这些海滩波浪被称为推进波（waves of translation），与海浪的活动情况不同，它们会扑上海滩，在海滩上奔涌，混乱无序，这不利于甚至会威胁到航行安全。

斯蒂芬·克莱恩（Stephen Crane）在 1897 年完成的自传体小说《海上扁舟》（*The Open Boat*）中写道，由于碎波带的激破波过于凶险（见图 1–5），搜救失事船只的救生船无法靠近，只好在佛罗里达州海岸附近折返：

> 此刻涌来的巨浪更可怕了。它好像随时都要爆发，把小船打翻在喧腾的浪花之中。浪涛出发之前，总要先发出一阵长长的隆隆声。凡是不常出海的人，都不会断言那小船能及时地攀上那些峻峭的浪峰。海岸离得仍然很远。加油工是个机灵的船夫，擅长在大浪中驾船。"各位，"他急促地说，"船维持不了三分钟了，我们离岸太远，没法游回去。船长，要不我把船再划回海里？"
>
> "可以，划吧！"船长说。
>
> 加油工凭着一连串奇迹般的快速动作以及麻利稳健的驾船技术，终于从那激浪中调转船头，又将船安然划回海上。[9]

相比于陆地附近的激破波和破碎波（breaking wave），海上的波浪对于航行而言更安全，因此时海浪的能量在开阔水域传播，而不是在碎波带消散。而在碎波带，靠近海岸线的浅水波卷曲或折射，从而汇集了海浪能量。波浪进入浅水区后，与海床的相互作用使波浪发生改变，波速降低、波峰变陡。这些浅水波（shallow-water wave）的波峰变得很高，稳定性急剧下降，波浪因而破碎形成浪花。在这一杂乱无序的过程中，浅水波侵蚀并输送沉积物，海床地形因此不断发生变化，而这又将进一步影响下一波波浪的特征。在克莱恩的小说中，救生船后来第二次尝试靠岸，结果被一个变化莫测的巨浪掀翻，船上四人被抛入海中，一月的海水冰寒刺骨，他们必须迎着波涛，游到岸边。

图 1-5　来自大西洋的风吹起的海浪在碎波带破碎

格林维尔·柯林斯在《英国沿海航行指南》一书中曾说过："船只经过漫长而危险的航行，满载而归时，却在本土海岸遭遇了海难。这种事不是有时发生，而是经常发生。"正是在这种背景下，《英国沿海航行指南》应运而生，它为船只驶入英国的各个港口或水湾提供了详细的指导。[10] 法尔茅斯和卡里克湾是我童年划船探险的地方，书中对这两个地方的描述让我体会到了其详细程度：

　　　　法尔茅斯 – 罗克两侧均可以出入，但东侧是更适合航行的线路：驶过罗克后，你可以一路顺风向前航行，因为那里有一条狭窄的深航道，水深约 34 米，一直通到卡里克湾，这样你就可以在卡里克湾锚地抛锚，那里是大船停泊的地方；你也可以在圣莫斯一侧借用 9 ～ 10 米航道航行。西侧是浅滩。[11]

柯林斯书中的描述在今天仍然适用。300 多年过去了，卡里克湾主航道仍为 34 米深，然而，航道上的大船在很大程度上已经为小型休闲游艇所取代，而且在周末驾驶小型游艇出海的均是航海爱好者，而非柯林斯书中的"海洋统治者"。

当然，在 17 世纪的康沃尔郡，海岸地形并不是唯一对航运构成威胁的因素。康沃尔海岸因当地居民掠取失事船只上的财物而臭名昭著，这些恶毒的人诱使船只触礁，然后打捞失事海员的财物，并以此为生。达夫妮·杜·穆里埃（Daphne du Maurier）于 1936 完成的小说《牙买加客栈》（*Jamaica Inn*）和温斯顿·格雷厄姆（Winston Graham）的系列小说《波尔达克》（*Poldark*），在很大程度上强化了康沃尔郡与"虚假灯光"（false lights）导致的船只失事之间的联系，这些联系所涉历史范围目前仍是人们激烈辩论的一个焦点。毕竟，臭名昭著的康沃尔人往往这样祈祷："主啊，让我们为所有出海的人祈祷；但如果真有沉船，请把它们送回来。"他们祈求的是有沉船可以打捞而非有船只可抢劫。当时因抢劫船只而定罪的人很少，康沃尔郡仅有一人因此被处决：一位名叫威廉·皮尔斯（William Pearce）的 80 岁农民，他在 1767 年因参与抢劫船只被处以绞刑。"船的缆绳被割断，船员们一离开船，船就沉了"，[12] 那天晚上唯一的暴力事件就发生在这艘船上，而皮尔斯非常不走运，因为他被发现时只是偷了一根绳子。

在航海时代，世界各地的海岸线上都有因"虚假灯光"沉船的传说，但没有证据表明这样的事件曾真实发生过。佛罗里达港口非常繁忙，海事法庭曾审理过数百起发生在佛罗里达港口的案件，但没有一位失事船只的船长声称自己是被"虚假灯光"误导而误入歧途的。而在 19 世纪，一位巴哈马打捞船的船长被问及他和船员是否在海岸上使用过信号灯，或利用灯光来引诱船只时，据说他这么回答："不，不。"他笑道："我们总是把灯熄灭，以便夜间能找到更好的机会。"这是因为水手通常会把灯光理解为陆地，所以他们会避开灯光，尤其是在意想不到会看到灯光的情况下，他们更会这样做。[13]

无论如何，在海上是很难看到岸上的手持油灯的，除非给油灯装上镜子或透镜，而且还需把油灯挂在高处，或者说，除非油灯是仿照灯塔建造的。灯塔自古以来就是人们熟悉的沿海地标，尽管早期的灯塔更多是用作港口的入口标志，而不是警示人们要注意岩石和礁石（见图 1-6）。一直沿用至今的历史最悠久的灯塔是 55 米高的埃库莱斯灯塔，也叫大力神塔（见图 1-7），这座建于公元 2 世纪的罗马灯塔建在西班牙西北部的一个半岛上，虽然该灯塔在电力供应和自动化方面进行了一些创新，但其基本设计在过去几个世纪中几乎没有改变。目前，水手所持的航海图上都清楚标明了港口和灯塔的位置，因此手持油灯似乎不太可能被误认为是灯塔，除非船只已经在风暴中沉没，不得已漂向那致命的海岸。

图 1-6　康沃尔郡彭赞斯的南码头灯塔

注：该灯塔建于 19 世纪 50 年代，用以取代被风暴冲走的早期建筑。

　　如果说沉船长期以来一直都是虚构性海岸故事的一个特征，那么这在一定程度上是由各种法案中的法律条文所推动的，例如英国在 1275 年颁布的《威斯敏斯特法案》（*Statue of Westminster*）中的《船舶遗骸法》（*British Wreck Act*）。该法案规定，如果有人在海难中幸存下来，那么他人打捞沉船上的物品就不能视为是合法的。令人遗憾的是，该法案中的措辞——"关于沉船物品，兹约定，如果有人、狗或猫从船上迅速逃离，则该船、驳船及船内任何物品均不能被判定为沉船物品"，似乎是在鼓励劫掠者，要确保无人能活着上岸，即便一只猫也不行。[14] 尽管人们制定该条款的目的是阻止打捞者和救助者抢夺或损坏适航船只，但实际上它被解读为"谋杀者宪章"，也称作"人与畜"法则。而且不管那些海岸劫匪是否逐字逐句对这条法律进行了解读，但像《牙买加客栈》中杀人如麻的乔斯·默林那样，"人与畜"法则已经被人们熟记于心，足以引发一场可怕的

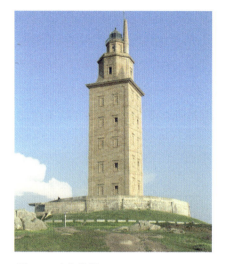

图 1-7 大力神塔

注：该塔位于西班牙北部加利西亚地区的海岸，由罗马人于公元 2 世纪建造，并于 1791 年修复，是世界上仍在使用的最古老的灯塔。

毁灭战争。丹尼尔·笛福在 1724 年到 1727 年创作的《大不列颠全岛环游记》（*Tour through the Whole Island of Great Britain*）一书中，是这样诬蔑锡利群岛居民的：

> 一个凶狠贪婪的民族，他们贪得无厌、欲壑难填，他们被指控从事不同寻常的、血腥残忍的交易……尤其是那些可怜的水手，他们因遭遇暴风雨欲上岸寻求救助，这时却发现，相比于在周围寻觅受害者的岛上居民，礁石其实并不可怕。[15]

"人与畜"法则最终于 18 世纪 70 年代被废除，但历史学家仍在争论，该法则是否真的煽动了针对水手的暴行，抑或仅仅是一项措辞拙劣、引发人们想象的法规。

不论如今的海滩掠取者怎么想，掠取失事船只上的物品仍然是非法的（见图 1-8）。2007 年 1 月，集装箱船地中海邮轮那不勒斯号（MSC Napoli）在德文郡海岸搁浅，100 多个集装箱散落在布兰斯科姆海滩上。世界各地的新闻报道展示了这样的画面：当地人抢夺被冲上海岸的遇难船只上的摩托车、尿布、香水和汽车零件等。在短暂的混乱后，警方封锁了海滩，并宣布，警方将动用一个世纪以来从未动用过的警力，强制人们归还抢走的物品。掠取冲上海岸的物品这一行为有时属于"严重的海滩掠取罪"，这一罪名已纳入复杂的法律表述框架；尽管类似的立法已有近千年的历史，但人们仍然错误地认为，每个人都有权随意拿走在海滩上发现的物品，这在某种程度上是因为，人们认为海岸线本身就是公共财产，或者更确切地说，认为它不属于任何特定的人，因此在那里发现的任何物品都可归于发现者。但是法律规定，仅仅因某物品被冲上海岸，并不表示它不再有主人。发现者可以根据所发现财产的价值要求报酬，但是所有搜寻到的物品都必须在沉船物品管理处登记。

图 1-8　海滩上的掠取者

注：1932 年，在荷兰的一个海滩上，海滩掠取者驾着四轮马车搜寻失事船只上的货物。

　　沉船物品管理处是根据英国 1995 年《商船航运法》（*Merchant Shipping Act*）而设立的，这部法律所涉范围宽泛，整合更新了一系列英国海事法规，同时提供了"海洋沉船物品"的简明分类：

　　• 漂浮物：船舶沉没或其他原因导致丢失的物品，因物品漂浮在海上，可以追回。

　　• 投弃物：人们为了减轻沉船的重量而抛入大海的物品，这些物品即便不抛入大海，最终也会消亡。

　　• 遗弃物：被遗弃在海上且所有者并不希望追回的财产，既包括船舶，也包括船舶上的物品。

　　• 系浮标物：从失事船只上抛出的物品，人们系以浮标或锚使之漂在海上，以便日后回收。

　　相关法律规定，失事船只上的物品或流出的物品如属于这 4 个类别，物品仍属于其原物主，如一年后物品仍无人认领则归英国政府所有。但实际情况又是另一回事，而且海滩掠取行为，无论严重与否，人们仍普遍将其视为海岸传统文化所推崇的一种良性行为（见图 1-9），正如布兰斯科姆海滩和其他地方的许多救助人员所说："他们不能阻止我们这样做，这是我们的文化，是我们一贯的传统。"[16]

图 1-9　现代海滩掠取者

注：海滩掠取行为被视为一种传统与文化，图中为退潮时沿着斐济维提岛海岸线搜寻物品的现代海滩掠取者。

　　"海滩掠取"的概念源于人种学，特指南太平洋岛屿上的掠取行为。这个词是美国律师和政治家小理查德·亨利·达纳（Richard Henry Dana Jr）于 1840 年创造的，指的是一群欧洲水手，他们大多是心怀不满的捕鲸人或逃犯，定居在太平洋岛屿上，以掠取物品、捕捞珍珠为生。按照《牛津词典》的表述，他们"通常以不太体面的方式谋生"。在 16 世纪和 17 世纪，有些欧洲漂流者最终生活在横跨太平洋主要航线的岛屿上，如麦哲伦船上的船舱服务生贡萨罗·德·维戈（Gonçalo de Vigo），他于 1521 年被遗弃在马里亚纳群岛，在那里和查莫罗人一起生活了 4 年，之后才被另一位探险者救走。但在 18 世纪末，当商业航运从新南威尔士州和北美洲向外扩张时，海滩掠取时代才真正开启：夏威夷、塔希提岛、汤加、斐济和萨摩亚是海滩掠取行为频发之地。到 19 世纪 50 年代，数千海滩掠取者分散在波利尼西亚群岛、密克罗尼西亚群岛以及新西兰岛，在那里他们被称为"白种毛利人"。[17]

《鲁滨孙漂流记》中克鲁索式的海滩掠取者，加上约瑟夫·康拉德（Joseph Conrad）笔下年轻的航海者吉姆爷，构成了欧洲人对漂流者的想象。吉姆爷把自己描绘成"一个孤零零的漂流者，光着脚，身子半裸，行走在裸露的暗礁上，寻找贝类充饥"。[18] 但是，漂流者的理想形象是在摇曳的棕榈树下过着无忧无虑的生活，不过这种形象并没有反映漂流者的生活往往朝不保夕且内心非常孤独的残酷现实，而且他们大多数只待几个月或几年就回家了，或者至少乘上一艘过往的船只离开了。一位幻想破灭的海员在 19 世纪 50 年代从萨摩亚群岛返回时表示，岛屿的天堂生活无聊至极，难以忍受：

> 在这里，我起初认为，在岛上幸福生活的梦想就要实现了，但是新鲜感几个星期后就消失了，原始生活的无味和匮乏暴露了出来，即使是最诱人的事物也会如此。我厌倦了整天躺在树荫下，或是懒洋洋地躺在大房子的垫子上消磨时间，也厌倦了在清澈海水中沐浴。[19]

岛屿的生活显然有其局限性，拥有无尽休闲时光的梦想也是如此。本书开篇章节试图说明，**海岸线一直是抵达和启程、登船和迁徙、渴望和改变的复杂空间**。事实证明，海岸线更有利于短暂的自省，而不是长期的休闲，这就是海滩掠取者最终总会厌倦海岸生活的原因。在下一节我们可以看到，这或许也是传统的海滨度假时间很少超过两周的原因。

海滨

根据历史学家阿兰·科尔宾（Alain Corbin）的说法，海滨度假可能是由威廉·克拉克（William Clarke）牧师和他的妻子"发明"的，他们于 1736 年夏天花了一个月的时间"在布赖特赫姆斯通的海滩上晒太阳"，他们的行为使这个衰落的渔村很快重新焕发生机，成为海滨度假胜地。[20]克拉克在给朋友的信中这样写道：

> 此地环境舒适宜人，是我见过的最好的地方。广阔的海域，丰饶的玉米产区……但问题是，我们很少交谈，四周充斥着船只的喧闹，这种喧闹就像是海浪拍打悬崖时发出的高音。早晨起来，我在海里洗澡，然后去买鱼；傍晚时分，我骑着马出去透透气，看看古撒克逊营地的遗迹，数数途中的船只和拖网渔船。[21]

虽然在海滨度假并不是什么新鲜事，但是克拉克夫妇的创新之处在于，他们把内陆水疗度假的传统搬到了海边，而且他们还进行了沉浸式海水浴，"为了治疗、预防、教育、节庆和享乐"，当地劳动人民也是这样做的（见图 1–10）。[22]如果说布赖特赫姆斯通在 1736 年还没有各种度假基础设施的话，那么 30 年后，这个小镇已经变成了英国最受欢迎、最时尚的度假胜地，而且还有了个新名字——布莱顿。作为充满魅力的海滨的代名词，布莱顿在英语国家家喻户晓。

图 1–10　传统海滨娱乐

注：1925 年比利时东代恩凯尔克的骑马捕虾比赛。

沿海城镇转变为海滨度假胜地，部分原因是技术变革。布赖特赫姆斯通和沃辛这样的小地方，无法再与拥有宽敞拖网渔船船坞和深水码头的大型渔业城镇竞争。还有部分原因是人们越来越意识到海边空气和海水的医疗作用。1750年，布莱顿的理查德·罗素（Richard Russell）博士发表了论文《海水在腺体疾病治疗中的应用》（*Dissertation on the Use of Sea Water in the Diseases of the Glands*），宣称海水"优于内陆温泉水"。长期以来，人们认为是这篇论文在英国掀起了海滨热。位于布莱顿的诊所有一块纪念理查德·罗素博士的牌匾（见图 1-11），上面写着："如果你在找他的纪念碑，请看看四周"，法国历史学家朱尔斯·米什莱（Jules Michelet）甚至将罗素形容为"海洋的发明者"。[23] 对罗素来说，饮用海水和海水浴一样重要，他给人们的日常建议是"每天早晨在海水中沐浴，从海水里出浴后，饮用足量的海水，以便一天排便两到三次"。但随着时间的推移，海滨度假的普及主要得益于海边空气和阳光的滋养作用，而不是饮用海水。尤其是 1789 年夏天，乔治三世国王在多塞特郡韦茅斯出海之后，海滨度假更受欢迎了，当时室内管弦乐队在附近的海水浴场更衣车里演奏国歌。[24]

图 1-11　纪念理查德·罗素博士的牌匾

注：罗素博士是海水浴的推广者，这块牌匾位于其出生地东萨塞克斯郡的刘易斯。

贵格会内科医生约翰·科特利·莱特索姆（John Coakley Lettsom）是倡导在室外治疗呼吸系统疾病的先驱，他于 1791 年创建了马盖特皇家海水浴场医院（Margate's Royal Sea Bathing Hospital），这家大型综合医院围绕着日光浴场而建，让病人沐浴在海边空气和阳光下。到 19 世纪初，人们认为，只要在海边待上一周，每天沉浸在"富含饱和化合物的大自然"中，几乎任何疾病都能治愈。而海水浴场更衣车的发明使这一切得以实现，有位观察家在 1745 年这样描述道：

"这个奇妙的发明是在木制房屋上装上可移动的轮子。"[25] 托比亚斯·斯摩莱特（Tobias Smollett）在 1771 年完成的自传体小说《汉弗莱·克林克历险记》（*The Expedition of Humphry Clinker*）中，描述了在斯卡伯勒使用海水浴场更衣车的令人难忘的经历：

> 你自己想象一下，有个小巧、舒适的木制房间固定在马车上，每个端点都有扇门，每一面都有一个窗户，窗户下面都有条凳子。要游泳的人踩着木板楼梯进到这个小间，把自己关在里面，开始脱衣服，侍者则把一匹马拴在靠海的那一头，然后拉着马车前进，直到更衣室的地板与海面的高度一致。然后，他再把马牵到另一头，把马固定在那。里面的人脱好衣服后，把朝海的那扇门打开，在那找到恭候着的向导，一头扎进水里。游过泳后，他重新回到小房间里，上去的楼梯已经专门换过了。于是他悠闲地穿好衣服，马车又重新被拉回到干燥的地面上，他只要打开门从里面走出来，就像他进去时一样。[26]

斯摩莱特小说中叙述这段经历的男子进一步观察到，更衣车只能在特定的潮位使用，且潮位每天都在变化，但是"我喜欢游泳，对我来说，游泳就是一项运动，在任何潮位我都能享受到游泳的乐趣，游泳不需要任何设施……你无法想象游泳会使人精力充沛，你也无法想象游泳能强身健体"。[27]

这段文字使我们感受到，即使是在 18 世纪，人们在海滩上褪去衣物的同时也可以抛开禁忌。虽然人们已经把海滩界定为一个暂时搁置礼仪规范的地方，但仍对不同阶层、不同性别的人在海岸上近乎赤身裸体地混杂在一起表示忧虑。人们之所以忧虑，是因为长期以来港口存在的道德问题，海上纵情享乐的性自由问题令人们感到不安。例如布莱顿有两个名声，一个是作为高档度假胜地闻名遐迩，而另一个是作为婚外情日益增长之地而声名狼藉，这二者的名气不相上下。到 19 世纪 50 年代，布莱顿有近百家妓院，而且人们早已公认这些妓院是"肮脏的周末幽会"之所。早在 20 世纪 20 年代海滨性感明信片出现之前，或充满性暗示的音乐厅歌曲出现之前（比如"你可以在海边做很多事情，这些事在镇上你不能做"），漫画家就已开始刻画那些穿着整齐的人和穿着暴露的人在海边小镇自由而又心绪不宁地邂逅。在艺术家托马斯·罗兰森（Thomas Rowlandson）于 1813 年创作的作品《马盖特的夏日娱乐》（*Summer Amusement at Margate*）中，一群衣着整齐的男士聚集在海岸，窥视着一群赤身裸体在海中沐浴的女士；一位穿着整齐的女士打着阳伞过来责备自己的丈夫（见图 1-12），预演着唐纳德·麦吉尔（Donald McGill）等人后来制作的明信片上的家庭喜剧。

图 1-12　托马斯·罗兰森的手绘蚀刻作品《马盖特的夏日娱乐》

注：画中，海岸上着装整齐的男士贪婪地盯着一群在海里沐浴的女士。

　　以上艺术作品的描述与刻画表明，海水浴不同于游泳；事实上，在 18 世纪或 19 世纪，提心吊胆冒险进入海里的游客中，很少有人会游泳，许多人甚至对游泳这个想法都感到恐惧。人们在海里游泳往往是为了锻炼身体，并不是为了娱乐。1841 年为体弱多病者发布的一本海滨小册子这样介绍游泳：

　　　　常见的游泳方式是脸部面向水。在这种情况下，身体伸展，俯卧在水上，背部的肌肉群会长时间用力绷紧，从而使臀部和脊柱不会下沉，并使头部向后。四肢快速运动，推动身体在水中前进……在称为"水中行走"的优美的游泳运动中，得到锻炼的主要是胸部的肌肉，胸部器官的体积和力量也可因此得到加强；但这需要耗费相当大的体力，因而游泳时间不可能很长。[28]

只有在自由泳等更便捷的泳姿引入之后，在海里游泳才成为一项普遍的活动。1875 年 8 月，冠达邮轮公司（Cunard Line）前任船长马修·韦布（Matthew Webb）成为有史以来第一个横渡英吉利海峡的人，然而这段旅程远称不上一帆风顺：韦布曾遭水母袭击，并曾受强劲水流冲击而偏离了航线。在游了 64 千米后，他绕行的路线几乎是从多佛到加来的最短直线距离 33 千米的两倍。尽管如此，伤痕累累、满身鲸油的韦布选定的时机非常好，即便再过 50 年也不会有比当时更好的时机了。

图 1–13　20 世纪 20 年代的法国铁路海报

注：该海报为特鲁维尔海滩度假胜地的贝尔维尤酒店做宣传，凸显了海浪和海景的乐趣。

到 19 世纪中叶，海滨度假胜地所需的所有要素都已齐备，从可供欣赏海景、呼吸新鲜海边空气的码头和海滨大道，到可供尽情休息和娱乐的冬景花园、海滨住所、纪念品商店、茶室和水族馆等，应有尽有。人们对海景的需求日益增长，于是一排排专门的酒店和宾馆应运而生，"海景"一词也随之出现在海滨酒店或海滨别墅的宣传语中（见图 1–13）。[29] 事实上，观赏海景已成为海滨度假一个最重要的方面（"我能看到大海！"），而且在世界各地的海岸线上，带阳台的酒店设计和定位进一步反映了 19 世纪人们对海景房的痴迷。

简·奥斯汀于 1817 年出版了《劝导》（*Persuasion*），在该书中，主人公安妮·埃利奥特和亨丽埃塔·默斯格罗夫在早餐前来到莱姆里吉斯沙滩观看涨潮，"海水在习习东南风的吹拂下直往平坦的海岸上阵阵涌来，显得十分壮观。她俩赞美这早晨，夸耀这大海，欣赏这凉爽宜人的和风，接着便缄默不语了"。[30] 这里描绘的海滨的壮丽美景与奥斯汀在 1817 年未完成的最后一部小说《沙地屯》（*Sanditon*）中描绘的海滨村庄形成了鲜明的对比，沙地屯不幸被汤姆·帕克开发成了一个"时尚浴场"，因而变成了喧嚣的海滨村庄（见图 1-14）。

图 1-14　喧嚣的海滨

注：1952 年 7 月，南荷兰省的斯海弗宁恩，度假者在海上乘凉。

在奥斯汀笔下，汤姆·帕克是个孜孜不倦的投机客，他吹嘘说："海岸边吹拂着大家公认的最和煦、最纯净的海风，出色的浴场，细小的沙粒，深水离海岸还不到 10 米，没有淤泥，没有杂草，没有黏糊糊的岩石，再也找不到比这更好的地方了，这里显然是大自然专为病人设计的疗养地。"他认为，"如果每年不在海边待上至少 6 周，那么人们将不能保持健康的状态"。他的这一观点让人回想起约翰·科特利·莱特索姆关于海边空气有益健康的开创性观点：

> 海风和海水浴结合起来，绝对万无一失，这二者中的任何一个对胃部、肺部不适或血液病都攻无不克；它们有抑制痉挛、减少肺部感染和抑制细菌的作用，还能治胆道疾病、抗风湿。在海边，没有人会感冒，

没有人会胃口不好，没有人会萎靡不振，也没有人会觉得体衰力亏。在海边，身材会改善、病症会减轻、心情会放松、体格会强壮、精神会振作，一切都会如愿以偿。有时海风奏效，有时海水浴奏效。如果海风没能奏效，海水浴一定能予以补救；如果海水浴不对症，那海风显然就是大自然专门设计的治病良方。[31]

《沙地屯》的某些场景很可能是以西萨塞克斯郡的沃辛市为蓝本的。沃辛市以前是一个小渔村，奥斯汀和家人 1805 年曾在那里度过假，当时企业家爱德华·奥格尔（Edward Ogle）正在把沃辛开发成一个商业度假村，但用文学评论家珍妮特·托德（Janet Todd）的话说：“一个土著渔民和农民生活的村庄降格成了一个毫无文化根基和肆意放纵自我的地方。”[32] 正是在那里，奥斯汀首次得知霍雷肖·纳尔逊在特拉法尔加大获全胜①，这可真是个大好消息，因为她哥哥弗朗西斯是一名皇家海军军官，当时在地中海服役。12 年后，她将汤姆·帕克在沙地屯的住所命名为“特拉法尔加别墅”，以纪念两者之间的关联。

帕克为沙地屯制定的高端发展规划，说明流行的度假胜地在变化，从喧闹的布莱顿和马盖特等度假胜地转向了以伊斯特本或博格诺为代表的更加幽静的退休度假村。1807 年发布的博格诺退休度假村的旅游指南中宣称：“英格兰海岸上没有比这里更适合海水浴和休闲的地方了。”[33] 博格诺退休度假村是由企业家理查德·霍瑟姆爵士（Richard Hotham）专门建造的，他将其命名为霍瑟姆顿，但这个名字一直没有流传开来，他建造这个退休度假村的目的是希望能吸引高端客户和能长住的退休人员。和沙地屯一样，这里也有酒店、图书馆、女帽店和海水

①霍雷肖·纳尔逊是英国帆船时代最著名的海军将领，军事家。他在 1805 年的特拉法尔加战役击溃法国及西班牙组成的联合舰队，迫使拿破仑彻底放弃海上进攻英国本土的计划。——编者注

浴场更衣车，曾被媒体称赞为一个可供人们"纵情遂欲，无须担忧"地享受海滨空气的地方。不过，1864 年修筑的铁路改变了它作为上流社会之所的命运，而且一个世纪后布特林度假村的建设更使它的地位岌岌可危。[34]

19 世纪至 20 世纪，海边的城镇被改造成了临终关怀、休闲娱乐、医疗卫生和休养生息的场所，退休后去海边生活的浪漫想法因而也慢慢流行起来。1857 年母亲去世后，当时年幼的评论家、作家埃德蒙·戈斯（Edmund Gosse）随父亲搬到了德文郡海滨。在他看来，海滨就是自己勤奋学习的圣殿，是自己揭开大自然奥秘的户外实验室。"除了大海，我对其他自然风光都没有任何兴趣，"他回忆道，"我喜欢大海，一直以来都是，没有其他……我最大的愿望是在海里行走，走得越远越好，然后平躺在海面上，脸朝下观察海底深处。"[35] 在 1907 年出版的童年回忆录《父与子》（Father and Son）中，他写道，为了更靠近大海，他甚至还喝了海水，他希望有一种自然魔法能让他躺在水面上，就像躺在玻璃底的船上一样，这样他就可以尽情饱览海底水族馆了。

戈斯童年时对大海的热爱与诗人阿尔加侬·斯温伯恩（Algernon Swinburne）对大海的热情不相上下。后来，戈斯成为斯温伯恩的传记作者和拥护者。戈斯在 1917 出版的斯温伯恩的传记《一生》（Life）中指出，在这位年轻诗人的所有生活乐趣中，"大海居首位"，他还引用了斯温伯恩自己的观点，大海"一定在我出生之前就已融入了我的血液中"。[36] 斯温伯恩在其未完成的自传体小说的开篇中就详细阐述了这一观点，书中 11 岁的主人公赫伯特·塞顿第一次看见大海时，就像斯温伯恩本人一样，对大海产生了一种强烈的身体认同感，并为这种认同感所打动：

> 大海的颜色和味道似乎分别从他的眼睛和嘴巴里涌出来，他所有的神经都渴望与大海进行神圣的接触，连他的灵魂都在通过感官向大海致敬。

"他到底怎么了？"瓦里斯顿勋爵问。

"没什么，"他姐姐说，"是在感受大海。"[37]

在随后的几个月里，"大海深入了他的灵魂"，他只有在大海里或靠近海边的时候，才觉得自己是真正活着的："大海的声音在他耳边回响，海风向他习习吹来，灯光照耀着他。他的视线一离开大海，就会感到不适；而靠近大海时，他又会倍感兴奋。"[38]斯温伯恩自我诊断为晕陆，这是根据晕船症状得来的奇幻结论，表现为对大海的强烈渴望，只要看不到海，这种渴望就会攫住他的身心。这也是小说家赫尔曼·梅尔维尔（Herman Melville）在1851年出版的《白鲸》一书的开篇中提到的那种海洋魔力的极端表现。《白鲸》描绘了周日下午"成群结队来欣赏海景的人"被吸引到纽约海港边的景象：

> 那市镇的四周就像布着一圈沉默的哨兵似的，成千上万的人都站在那儿盯着海洋出神。有的倚着桩子；有的坐在码头边上；有的在瞭望着从中国驶来的船只的舷墙；有的高高地爬在索具上，仿佛要尽量把海景看个痛快似的。但是，这些都是陆地人……瞧！又有一群群的人来喽，他们直向海边走去，像是要跳进大海似的。怪事！只有陆地的尽头才称得了他们的心；他们在仓库那边的背阴里闲逛一番还不够。不够。他们只要不掉进海里，是一定要尽可能走近海洋的。[39]

梅尔维尔笔下的"陆地人"尽可能地靠近海洋，却没有真正进入海里，而是在"陆地的尽头"停下来。只要一直凝视着海洋，他们就会发现自己像着了魔似的，这种着魔的形象在从荷马的《奥德赛》到康拉德的《吉姆爷》等几个世纪以来的海洋文学作品中反复出现。维多利亚时代的艺术评论家约翰·罗斯金（John Ruskin）回忆说，在他小的时候，大人允许他在安全的海滨大道上眺望大海，但不允许他冒险进入海里："他们不许我划船，更不许我出海航行，也不许我独自在海港附近散步；因此，我对航运或其他需要学习的知识一窍不通，只是每天花四五个小时凝望着大海，惊叹不已。"⁴⁰就像梅尔维尔笔下的人们一起"对海洋展开遐想"一样，罗斯金独自"凝视着大海，对大海充满好奇"，他同样跨越了视觉边界，跨越了将海滨漫步的文明世界与奇遇刺激的冒险世界分隔开来的海洋边界（见图 1-15）。难怪罗斯金后来痴迷于大海，撰写了一本关于英国港口的专著，并在 1843 年出版的《现代画家》（*Modern Painters*）的第一卷中，用了很长的篇幅来论述"海水的真相"，在这本书中，他将"海洋是狂野、多样、奇异和不可驯服的统一体"理解为在描述一个灵魂。⁴¹对罗斯金和荣格来说，大海"在所有人的心目中，是不屈不挠、不可征服的力量的最好象征"，大海实际上是深不可测的。这一观点将贯穿本书，尤其在第二章中会反复提及，第二章将着眼于海洋科学史，或者更确切地说，着眼于人类下定决心（尽管有点不切实际）探究表面看似深不可测的海洋科学的历史。

图 1-15　海洋边界

注：约翰·弗雷德里克·肯塞特（John Frederick Kensett）于 1872 年创作的布面油画《伊顿颈部长岛》（*Eaton's Neck, Long Island*）。

章末总结

海岸线

　　海岸线是海岸与海水的交汇处，它由海水侵蚀陆地而成，其形态复杂多变，包括水湾、河口、峡湾、海湾、海岬、海滩、连岛沙洲和地峡。海水作用可以塑造和调整海岸线的形态，但后者的决定性因素是物质的相对硬度、柔软度、孔隙度或不渗透性。离陆地越近，航运风险就越高，因为海浪涌入浅水区后，其高度增加但波长变短，海浪陡度增大，稳定性减小。

2

The Science of
the Sea

海洋科学

大海令我惊奇不已：它似海中巨兽，翻滚于地球之上，沉睡时似春风拂面，苏醒后似雷霆大发；它深不可测、无边无际，俨然一个巨大的水滴世界。它从哪里来，要到哪里去？它是永恒的，还是虚无的？

　　　　　　　　　　威廉·黑兹利特（William Hazlitt），1826

　　　　　　　　　　《法国意大利旅行杂记》

　　　　　　　　　　Notes of a Journey through France and Italy

1992 年 1 月，长冠号（Ever Laurel）货轮在夏威夷群岛外的太平洋中部遭遇暴风雨，12 个钢制集装箱从甲板上冲入大海（见图 2-1），其中一个集装箱里装有 2.8 万多只"友好漂浮物"，即塑料浴盆玩具，有橡皮鸭、青蛙、海龟和海狸等。这个集装箱注定会在大海中解体，于是箱中的玩具漂浮在了太平洋上，开始了一场不同寻常的环球之旅。25 年过去了，这场旅行仍在继续。海洋学家有幸能通过观测比常用样本量大很多的"漂流标记物"来长期跟踪世界各地洋流和环流的运动轨迹，他们详细记录了这支彩色"塑料舰队"的漂流之旅。

图 2-1　海上漂浮的集装箱

注：每年有 1 000 多个集装箱在海运中遗失，这些集装箱对航运和海洋生物构成了严重威胁，其中一些遗失的集装箱被发现在海底成为人工礁石。

第一批漂浮物从落海地点漂流了约 3 200 千米，大约 10 个月后被冲上了阿拉斯加海岸。此后，在遥远的澳大利亚和南美的太平洋沿岸，人们发现了更多这种独特的玩具，而其他玩具则一路向北漂向北极。在北极，它们被冻在冬季的海冰中。2007 年，若干橡皮鸭玩具在距离落海地点 2.7 万千米之外的英国和爱尔兰海岸上出现，它们在漂向大西洋途中历时数年，最后被包裹在北极冰层里。这些玩具的寿命之长令从事研究的科学家们惊讶，他们原以为这些玩具会在阳光、海水和海冰的磨蚀下很快分解。然而，这些玩具在制造过程中经历了 52 次洗碗机清洗，能够经受小朋友的"无情摧残"。事实证明，它们非常结实，能够承受漫长的漂浮之旅中海洋给予的一切考验，其中包括好奇的海洋动物的啃咬。海洋学家柯蒂斯·埃贝斯迈尔（Curtis Ebbesmeyer）自从业以来一直在跟踪洋流，他认为这些玩具是"海洋学研究的一笔巨大财富"，它们为人们提供了一种新的方法来了解所有海洋洋流和环流的周期性关系，以及洋流和环流如何像天象仪的齿轮那般默契协作。[1]

世界上的海洋可能是一个单一的循环系统，这一观点早在 19 世纪中叶海洋学诞生之初就已得到人们认可，时至今日科学家仍对此充满极大的兴趣。海洋学的研究在很大程度上得益于海上贸易经常出现意外损失这一事实。每年大约有 1 000 个集装箱遗失在海上，科学家利用这些集装箱泄漏的货物，对其观点进行试验和验证。这种研究方法在海洋科学诞生之初就已开始运用了，只不过当时的规模要小得多。美国海军军官兼自然科学家马修·方坦·莫里（Matthew Fontaine Maury）在其 19 世纪 50 年代的著作中，把抛入大海中的标记瓶描述为"无声的小航海家"，莫里还引用了英国海军军官亚历山大·布里德波特·比彻（Alexander Bridport Becher）的研究成果。比彻在 19 世纪中叶制作了大西洋的"瓶测洋流海图"（Bottle Charts），展示了近 200 个带编号的瓶子的漂流轨迹，这些带编号的瓶子是比彻为了研究洋流故意从船上抛入大海的。[2]

比彻进行研究之时恰逢全球兴起用漂流瓶传递信息的热潮。这股热潮由爱伦·坡的怪诞小说《瓶中手稿》掀起。这本好评如潮的小说于 1833 年出版，小说讲述的是一艘船在冰冷的北部水域不幸遇险，船上的一名水手绝望地写下了一条临终遗言："在最后一刻，我会把日记手稿封进瓶里，抛入大海。"[3] 这艘船在布满海冰的海域连续漂流了几天，但海水漩涡出现了，漩涡"像个巨大的圆形剧场，剧场的围墙墙头隐没在黑暗中"，所有希望都破灭了，船开始在漩涡中急速旋转，走向毁灭，这时水手把写好的信息扔进了大海，"在大海与风暴的咆哮、怒吼、轰鸣声中，这艘船在颤抖——哦，天啊！——它在下沉！"[4]

这个故事生动地描述了为远程通信新技术所掌控的时代。1832 年，电报首次出现，而当查尔斯·狄更斯于 1860 年写完漂流瓶故事《大海来信》（*A Message from the Sea*）时，大陆之间已经可以通过海底铺设的电缆传输信息了。这部小说是狄更斯与威尔基·柯林斯（Wilkie Collins）合著的，刊登在《一年四季》（*All the Year Round*）周刊的圣诞版上。故事讲述的是，美国马萨诸塞州的一位船长赛拉斯·乔根（Silas Jorgan）在绕过合恩角时，轮船被大风吹离了航线，于是乔根来到了一个岛礁上。他在那里发现了一个带玻璃瓶塞的药瓶，里面装着一封信，收件人是这位写信人的弟弟。后来乔根找到了兄弟俩在德文郡的家。柯林斯描述的故事情节曲折，这位遭遇了海难的水手，即写信人，时隔几年后再次见到了他委托"仁慈的大海"传递的信件：

> 千里之外，我把这封信托付给了大海，而现在，这封信居然在我弟弟手中！再次看到这封信，我不禁感到一阵寒意和恐惧。虽然它不过是一张废纸，但在我看来，它就像从前自己的幽灵，越过茫茫大海，悄无声息地在我本人之前回到了家。[5]

文史学家安西娅·特洛德（Anthea Trodd）注意到，这个故事的主题是"信息和同情心的良性循环"：乔根船长穿越全球，传递了他在南太平洋得到的信息，仿佛他自己就是这个巨大循环系统的一部分，如果将传播速度考虑在内的话，他就是一条能够快速传递信息的海底电报电缆。[6] 信息不是通过海面漂浮物来传递的，而是通过海底电报电缆悄无声息地传播的，这种想法显然令人不安，但乔根的行为着重体现了不熟悉跨洋技术的普通人会做出的冲动行为。

到 20 世纪末，装在瓶子里的信息已成为一种常规的研究工具。人们将几千个带标记的漂流瓶投放到世界各地的海洋中，再在它们登陆的地点进行回收。摩纳哥亲王阿尔贝一世是一位热衷于海洋学研究的业余海洋学家，1885 年至 1887 年，他从自己的燕子号（Hirondelle）考察船上抛出了 1 675 个漂流瓶。

美国海军工程师乔治·W. 梅尔维尔（George W. Melville）设计了一种橄榄球形状的坚固木桶，即"漂流桶"，1899 年至 1901 年，他在阿拉斯加巴罗角投放了 50 只"漂流桶"：第一只于 1902 年到达西伯利亚，第二只于 3 年后到达冰岛，第三只于 1908 年在挪威海岸被发现。这些"漂浮桶"是目前已知第一批能够穿越西北航道的人造物体。[7] 天然浮木可以在数千千米的海面上漂浮多年，最终漂到远离家园的遥远海岸线上，无人问津；而带标记的物体与天然浮木不同，即便是在几十年后，它们也很容易被识别。

2018 年 1 月，有人在澳大利亚西部一个偏远的海滩上捡到了一个绿色玻璃瓶，瓶中依旧清晰可辨的信息显示，这个瓶子是 1886 年 6 月从一艘名为保拉（Paula）的德国船只上抛出的，是德国海军气象天文台对洋流进行的一项长期实验研究的一部分。在德国对洋流进行研究的 70 年间，数千个漂流瓶被抛入大海，但后来只有几百个被找到。漂流瓶的投放地点在南印度洋。考虑到那里主要的洋流和漂流模式，漂流瓶可能在海上漂流了不到一年，就被埋进了澳大利亚海滩上的流沙里。130 多年后，有人在澳大利亚海滩上发现了这些漂流瓶：这是迄今发现的世界上投放年代最久远的漂流瓶。

现今，海洋中有一个由近 4 000 个"阿尔戈浮标"（Argo floats）构成的海洋探测系统，这些浮标可以自己调整浮力以便下潜到海洋中的任何深度，它们收集海水的温度、盐度、含氧量和浮游植物情况等数据，每隔 5 到 10 天自动上浮至海面，通过卫星把观测数据发送出去，然后返回海下继续观测。这些浮标在海中的漂移过程表明，洋流可以连通世界上所有的海域，因此，即便是目前远在太平洋海沟内 8 000～10 000 米深处的海水，经过数百年的洋流作用，最终也会流向冰岛、印度或南极洲的海滩。每次的潮涨潮落都在水和能量的大循环中发挥些作用，而水和能量的大循环能将热量、养分和生机带到地球的每一个角落。

海洋学兴起

出人意料的是，海洋学仍是一门年轻的科学，在人类历史的长河中，海洋知识长期停留在实践层面，而非理论层面。 即便是海洋文化非常丰富的古希腊人，他们除了研究几个世纪以来一直困扰自然哲学家的海水咸味问题，没怎么花时间对海洋进行理论研究。对于海水的咸味问题，古希腊自然哲学家提出了各种各样相互矛盾的答案，如德谟克里特认为海洋缩小了，海水由于浓缩变咸了；恩培多克勒把海水比喻成地球渗出的咸咸的汗水；亚里士多德完善了恩培多克勒的观点，但采用的主要类比对象是尿液，而非汗液：

　　事实上，海水之所以有咸味与膀胱内积聚的残留尿液有咸味是同样的道理。虽然我们喝下的水和吃掉的食物中含有的水分是甜的，但是它们也会变苦、变咸。苦味可能来源于类似水通过碱液过滤使尿液中产生了某种物质的情况。事实上，我们的确在便壶中发现了盐沉积物，这种物质通过皮肤进入汗液中，就好像我们排出的湿气把这种物质从身体带走了。同样地，泥土中的盐沉积物与水混合就是海水咸的原因。[8]

亚里士多德解释得不错，海水咸就是雨水把陆地上的矿物离子冲刷到大海里造成的，但在海洋生物学方面，亚里士多德的观点就不那么准确了——他认为全球只有 180 种海洋生物。但奇怪的是，罗马自然学家老普林尼后来还把这个数字向下修正，他坚持认为，人们在全世界海洋中只发现了 176 个物种。希腊和罗马的航海家都曾实地使用测深绳来测量海水深度，但只有一次测量被记录在案，那就是公元前 1 世纪出生在土耳其的地理学家斯特拉波进行的深海测深。他报告称，第勒尼安海的海水深度为 1 800 米。

随后的几个世纪里，欧洲航海家开始汇编和分享关于洋流和环流的可靠史料，较系统的研究形式由此发展起来。到了 16 世纪 80 年代，航海图也发展了起来。荷兰制图师卢卡斯·扬松·瓦赫纳尔（Lucas Janszoon Waghenaer）开创性地绘制了第一部航海图集《水手之镜》（Mariner's Mirror），该图集于 1584 年出版。他在海图上标出了欧洲西北部水域的测深和航行方向，也标出了航行的永久隐患浅滩和岩石等。

然而，探险家和航海家的实际需求与更强调理论研究的科学探索并不总是相协调的，这两种需求之间的矛盾在很大程度上体现于海洋科学的早期历史中。例如，1664 年，英国皇家学会的创始人、学者威廉·佩蒂爵士（William Petty）设计了一艘双壳单桅帆船（一种双体船），并将其命名为试验号（Experiment），以纪念科学与海洋之间的关联性。佩蒂爵士有一段时间对"航运哲学"很感兴趣，他在 1661 年写道，"世界上最庄严伟大、最实用，而且最复杂的机器就是船舶了"。在此之前，他还建造了一艘船舶原型发明号（Invention），发明号成功完成了从都柏林到霍利黑德的海上航行。[9] 虽然海军委员会的法案执事塞缪尔·佩皮斯（Samuel Pepys）是佩蒂爵士双壳船体设计的忠实支持者，但老牌造船商对此持谨慎态度，有一家造船商将其描述为"世界上最危险的船只"，而佩皮斯认为，造船商这样说是为了维护自身利益。试验号在格林尼治的下水仪式备受瞩目，查理二世和他的弟弟约克公爵出席了仪式，出席的自然还有无处不在的专栏作家佩皮斯和作家约翰·伊夫林（John Evelyn）。佩皮斯对这艘船的评判是："它滑行顺畅，外观精致，我相信它会表现很好。"然而事实证明，佩皮斯下评判还为时过早。6 个月后，试验号在比斯开湾遭遇的一场风暴中倾覆。于是，英国皇家学会决定将海事归入国家重点关注的事务，因为他们认为海事不再适合由英国皇家学会管理，而且学会将不再支持任何类型的造船项目。[10]

这一事件说明了阻碍海洋学发展的一些因素，特别是海事主体，也就是海洋本身，应由政府进行专门管理，而不应交由专业机构管理。海事受军事利益和商业利益主导，但科学研究推动航海技术和制图技术取得的进步也不容忽视，这正是英国皇家学会等科学组织的早期倡导者所主张的。例如，罗伯特·波义耳在 1674 年出版的专著《海洋盐度的观察和实验》（*Observations and Experiments about the Saltness of the Sea*）中探讨了海员在长途海上航行期间获取淡水的方法；而罗伯特·胡克则发表了一系列关于从事深海研究的方法的演讲；然而，历史学家苏珊·施利（Susan Schlee）注意到，这些研究往往一次只关注海事的一个方面，"而且所关注的通常只是可用实验室的瓶瓶罐罐研究的方面，而不涉及海事的其他方面"。[11]

然而，在 18 世纪，仪器的发展促使欧洲海上强国开始资助水文测量，这些国家希望以此来获得其商业优势和帝国地位。亚历山大·达尔林普尔（Alexander Dalrymple）是 18 世纪 70 年代英国东印度公司的水文测量员，于 1795 年被任命为英国海军部的水文测量员。但直到 1808 年，英国海军部才正式招募了一支海军测量队伍来绘制海图，并对具有战略意义的海域进行测量。美国的水文测量也是 19 世纪 30 年代才起步的，也就是美国海岸测量局（Coast Survey）成立 20 年之后。早期水文测量的主要方式是利用测深杆或手工放出测深索进行深度测量，测量位置由六分仪映射在参考点上的位置来确定。虽然最初测量的深度基本准确，但测量工具的数量有限，因此整体覆盖范围还很小。早期的测量考察为英国后期的宏伟计划铺平了道路，挑战者号（Challenger）于 1872 年至 1876 年进行

图 2-2　1872 年改装的挑战者号测量船上的疏浚和测深设备

注：插图选自 C. 怀维尔·汤姆森（C. Wyville Thomson）1878 年出版的《挑战者号航行》（*The Voyage of the Challenger*）。

了海洋考察测量，此次考察成为英国国家级科考的第一个范例，而且考察的成本也与此名声相称——约 20 万英镑，按现在的标准计算的话，约为 2 000 多万英镑。位于伦敦的英国皇家学会请求英国皇家海军借给他们一艘三桅巡洋舰挑战者号，然后请求政府出资对这艘巡洋舰进行改装，以便进行科学研究。他们在巡洋舰上安装了设施齐全的疏浚平台（见图 2-2），在甲板下设立了专门的研究实验室，里面放满了标本罐、显微镜、温度计、气压计、采样瓶、测深线和 300 多千米长的意大利制造的绳索，该绳索用于将设备直接送到海底。

此次考察在一定程度上是为了验证广为流传的所谓"无生命理论"（azoic theory）。"无生命理论"一词是由英国生物学家爱德华·福布斯（Edward Forbes）创造的，他于 19 世纪 30 年代在不列颠群岛周围进行了小规模的疏浚实验，后来担任地中海和爱琴海考察船灯塔号（Beacon）的博物学家。福布斯疏浚的深度超过了 400 米，由此他提出了一个假设，即海洋可以分为 8 个深度带或深度区域，每个深度带都有独特的海洋生物种群，种群数量随着海水深度增加而减少，因此他认为，在海水深度 550 米以下就没有生命了——"这表明动物生命在此的分布数量为零"。[12]

不久之后，福布斯的理论就被证明是错误的。1860 年，人们从地中海打捞上来一根受损海底电缆进行维修，该电缆于 3 年前铺设在阿尔及利亚海岸和撒丁岛之间。电缆被捞出水面时，布满电缆的珊瑚和蛤蜊一并被从 1 800 多米深的海底打捞上来。19 世纪 60 年代末，英国皇家海军闪电号（Lightning）和豪猪号（Porcupine）进行了后续的疏浚考察，他们发现了蛤蜊、扇贝和珊瑚等众多物种在远低于福布斯无生命理论极限的深度繁衍生息。这些结果使人们越来越相信，公海不仅是未经勘查的地域，更是未经开发的资源。

挑战者号的考察标志着现代海洋学的开始，历史学家甚至能将海洋科学的诞生精确到一个特定的日期，即 1873 年 1 月 3 日，当时挑战者号上的科学家们在里斯本以西进行了首次探测和疏浚，此后他们又进行了数百次探测和疏浚（见图 2–3）。[13] 此次考察的主要目的是收集各种关于海洋特征的数据和样本，包括水温、海水化学成分和海底地质状况，以及识别新的海洋生物。这次考察历经 3 年半的时间，该考察船航行超过 13 万千米，后来返回索伦特海峡，继续在北大西洋、南大西洋和太平洋开展深海研究，并航行至极地海域流冰边界以北和南极圈以南区域。数以百计的笔记本上写满了数据，收集瓶里塞满了神奇的动植物，数不尽的箱子里装满了从深海海底打捞上来的岩石和泥浆。"是泥浆啊！各位，想象一下，一辆马车，装满白色的泥浆和微小的贝壳，湿漉漉、黏糊糊的泥浆被倒在干净的木板上。"乔治·坎贝尔（George Campbell）中尉回忆起他在船上的时光时这样说道，"博物学家划桨涉水，把一铲一铲的泥浆依次倒入越来越细的筛子里，筛到只剩下微小的贝壳之类的东西。"[14] 船上的普通船员称这些博物学家为"科学家"，事实证明，"科学家"的滑稽行为既令船员感到困惑，也让他们越来越反感，因为在海上航行数月之后，他们急于回家，于是无聊的船员们把科学工作更名为"苦工"。[15]

10 年后，考察团的 50 卷成果报告出版，它呈现了前所未见的世界海洋的洋流、温度、深度等细节，同时配以深海水域生命形式的照片、图画和文字描述。他们一共发现了 4 700 多种新型海洋生物，包括琵琶鱼、南极海星、海猪（在海底爬行的土豆状生物）、席鳞鼬鳚，以及数百种头足类动物和有孔虫类动物。博物学家们没有想到会发现如此丰富的生物物种，也没有想到海洋会有那么深。在有记载的海床最低点，即太平洋西部的关岛附近，海床距海面 8 000 米以上，船员们第一次放下测深绳时，绳子长度不足；他们把温度计放下去时，玻璃在巨大的压力下破裂。科学家以船上一名海军军官的名字将这个地点命名为"太古深渊"（Swire Deep），但后来此地被重新命名为"挑战者深渊"（Challenger Deep），这是马里亚纳海沟内的一个深渊，此处海底距海面近 11 000 米，而且位于鲜为人知的"超深渊带"（Hadal zone）内。此次考察首次揭示了海洋盆地的大致轮廓，其中包括延伸至大西洋的海底山脉，此山脉现在被称为"大西洋中脊"，是欧亚板块和北美板块之间的构造边界，也是地球上最长的海底山脉。

图 2-3　海洋科学家的探测与疏浚

注：20 世 纪 80 年 代，蒸汽动力海洋勘探船勘探者号（Surveyor）穿过白令海的薄冰层。

　　挑战者号的考察之旅既是出于科学研究的目的，也因为在跨洋铺设电缆之前，水文局需要获得关于海底的可靠信息。同时它促成了国际海洋科学家共同体的成立，将海洋学这门新科学确立为一门重要的合作研究的学科，将之前各自独立的海洋生物、海洋地质和海洋物理研究领域结合在了一起。

　　"海洋学"一词本身反映了这门科学的国际性。这个词在 16 世纪晚期曾短暂出现在法语中，之后于 1878 年再次出现在《世界大词典》（*Grand Dictionnaire Universel*）中，《世界大词典》将其定义为"对海洋的描述"。当代德国博物学家使用 thalassographie①一词来表示关于海湾和海洋的研究，但在 19 世纪 80 年代初，生于德国的化学家威廉·迪特玛（William Dittmar）提出，在科技英语中要用 oceanography（海洋学）一词。到 19 世纪末，oceanography 已在国际上广泛使用。[16]

　　与太空探索这一经常与之相提并论的科学分支一样，深海海洋学也是一个耗资巨大且危险的领域。事实上，进入太空的人多于深入海面以下 2 000 米黑暗地带的人，甚至能够深入深海海底 6 000～7 000 米的无人潜水器仍然屈指可数。

　　深海勘探之所以危险，是因为随着海水深度增加，海水的重力所引起的静水压力也在不断增加。海平面以下 1 000 米处，海水压力会增加到地表压力的 100 倍；海平面向下 5 000 米处，压力会增加 500 个大气压，人造物体中只有极少数能承受这样的压力水平。在潜水器下潜的过程中，绑在潜水器外部的聚苯乙烯咖啡杯会被慢慢压成一根针的大小。

　　在声呐成像技术出现之前的几年时间里，科学家很难回答海洋深度方面的相关问题。他们在同一坐标上测得的水深可能因船而异，而且很难判断测深锤何时到达了海底，因为往往在测深锤触底很久之后，暗流才会从卷线器上拉出测深线。因此，科学家花费了大量时间在海上试验各种测深设备，目的是找到一种可靠的"下降规律"，使设备的使用者能够准确知道测深锤何时触底。测深锤是一颗重达 14 千克的铅坠，连接在一条特定直径的测深线上。包括测深线在内的每一件测深工具，都要经过数年的反复测试，麻绳和钢缆最终被人们换成了廉价的包装麻线，因为包装麻线是唯一一种从深海测深处拖拽上来时不会断裂的绳索。海洋历史学家海伦·罗兹瓦多夫斯基（Helen Rozwadowski）注意到，19 世纪中叶的海洋研究"不仅是在填补空白"，而且是对海洋深度进行更为立体的理解，是对

①源自古希腊词 *talassa*，意为海洋。

"深海的拓展想象"。[17]

20 世纪早期，人们研制出了单波束回声探测器，它通过声音测量船只正下方海底的深度。人们借助回声探测器和回声测深仪，通过在特定的间距布设一系列测深线，收集更多数据点的数据，从而加快勘测过程。然而，这种方法无法获取测线之间的深度数据。后来的技术革新，如侧扫声呐技术，增强了对水下沉船和障碍物的识别能力，同时可以使人们获得与航摄照片等效的声波图；最近开发的多波束系统还可以使人们获得任何指定勘测区域下方整个海底的深度数据：这项技术与一个半世纪前挑战者号考察团及其前辈们使用的手拉绳索和吊桶有天壤之别。

海浪和潮汐

海浪是世界上最容易被误解的自然活动。当一波海浪冲上海岸线破碎时，海水好似到达了漫长旅程的终点，但实际上海水几乎没有移动过。海面上大部分海浪传递的是能量而不是海水，而且碎波带产生湍流是因为移动的能量遇到固体障碍物（见图 2-4），这些障碍物通常是海底大陆架。此时，原先移动的能量在嘈杂声中逐渐消散。这即是说，在遇到障碍物时，海浪发生了变化，从传输能量的振荡波转变为海水保持流动的推进波，也就是通常所说的"进流"。因此，在其生命的大部分时间里，海浪与其说是一个物体，不如说是一种活动，是海洋能量大规模转移的一小部分。

波浪通常是由海风和海面摩擦产生的。当海风吹过海面时，造成的扰动和波动会形成一个小波峰，而且由此产生的上下波动以一连串海浪的形式在海水中传递动能。随着海浪变大，能量而非海水从一个浪峰传递到另一个浪峰。当波浪从像锡罐这样的漂浮物下方经过时，人们显然可以看到锡罐在海面上下浮动。

图 2-4　碎波带的湍流

注：强劲的海风吹起的海浪
在加利福尼亚太平洋海岸的
碎波带破裂。

根据波浪的周期或波长（两个波峰之间的距离）可以对波浪进行分类，波长最小的波浪为毛细波（capillary wave），波长最大的波浪为潮汐。研究波浪的学者被称为 kumatologist。该词源于希腊语中的 kumas（波浪），而 wave（波浪）一词是由痴迷于研究波浪的英国地理学家沃恩·科尼什（Vaughan Cornish）于 1899 年创造的。毛细波最先出现在被风吹过的水面上，是一种微弱的纹状波动。几个世纪以来，水手们一直称之为"猫爪"。W. H. 史密斯在《水手词汇手册》中，将"猫爪"定义为"在平静的海面上感受到来自远处的一阵微风，它轻轻掠过海面，留下一丝涟漪"，他还注意到一种广为流传的迷信说法，即通过摩擦船的后支索来召唤幸运的"猫爪"。之所以"幸运"，是因为"猫爪"的出现"一般预示着较平稳的微风即将到来"。1804 年 4 月，塞缪尔·泰勒·柯尔律治（Samuel Taylor Coleridge）在前往马耳他的途中写了一篇细致入微的文章，描述了从甲板上看到的各种波浪，他最开始描述的就是细如发丝的毛细波：

　　　　在柔和的微风中，我特别欣赏这美丽的海面！每一道波浪都是那么短暂，转瞬即逝，然而，在某一瞬间，它那凌厉的线条、陡峭的波峰、发丝般的波痕，使海面出现了好似被切割为成千上万片的玻璃，以及小波形成的网络，还有泡沫形成的粗糙圆孔状网络。[19]

从史密斯和柯尔律治的描述中明显可以看出，毛细波具有独特的波纹结构是由于微风以每秒3～4米的速度吹拂海面时，产生的波长通常小于1.5厘米。然而，这种柔和的风并不能使水手扬帆远航，也不足以形成行波（travelling wave）。海面上的波浪如果要开始运动，至少要有大于1.7厘米的波长：波长小于1.7厘米的波浪会受到重力抑制。但是，如果像史密斯笔下的水手们所希望的那样，风力增强，持续吹过大面积海水，那么第二类海浪就会形成，即重力波（gravity wave）。

当波浪的波长增长到大约1.5米时，重力波就会出现，此时重力与主要的分散介质——海风形成合力。波浪需要轻微凸起，海风才能发挥作用，一旦小波形成背风面和迎风面，波浪就会爬升：当海风的能量传递给海洋时，海水的最小阻力线就会上升。

较长的重力波在深水中传播时，会迅速远离促使其生成的海风，此时的重力波称作涌浪（swell），其波长一般大于260米，最长可达900米。涌浪在穿过开阔水域时损失的能量很少，因而在南大洋产生的涌浪有可能在几天时间内全力抵达阿拉斯加。涌浪在远离其源头后会趋于平缓，涟漪和波浪会在下层涌浪的顶部形成，从而在海水表面形成复杂的纹路（见图2-5），而这只有经验丰富的航海家才能辨别出来。然而，即便是持续时间最长的涌浪最终也会接近海岸线，在拍击浅滩海床时破裂，能量迅速消散。

鉴于波峰和波谷处于移动中，我们无法给予视觉上的界定，因此，估量海浪的高度一直是个难题。19世纪80年代中期，英国皇家气象学会会员拉尔夫·阿伯克伦比（Ralph Abercromby）用自己继承的部分遗产到世界各地进行气象和海洋观测。

图 2-5　涌浪形成的复杂纹路

注：美属维尔京群岛圣克罗伊岛海岸附近，涌浪与一艘大型商船相遇，产生了罕见的波浪折射。

回国后，阿伯克伦比于 1888 年出版了一本不同凡响的回忆录，名为《不同纬度的海洋与天空》(*Seas and Skies in Many Latitudes*)，这是一部对海洋进行持续观测的杰作。阿伯克伦比对海浪的形状和大小格外感兴趣，他注意到，船上的船员对海浪高度的估量存在诸多差异。于是，他得出结论，一个人不可能精确测量出给定波列的高度，因为这一过程需要测量者先在甲板上测量一系列长度，然后迅速跑到下面的舷窗再测量一系列相应的高度。他认为，这至少需要 3 个观察员，"一个负责气压计，一个负责手持计时器，第三个负责估算甲板距海面的高度，并记录各种仪器的读数"，他在后来的出版物中详细探讨了这一想法。[20]

海浪的高度之所以难以测量，是因为海面上的海浪高度不同、周期不同、移动方向不同，所以在海水不断起伏之际，即便是测量从波峰到静水线的波幅这么简单的事情也是不可能完成的。风力驱动下的海浪非常复杂（见图 2-6），因此，诸如压力传感器和浮标等记录海浪波形的现代设备，都无法给出单个海浪高度的读数，只能根据样本生成统计或概率读数。压力传感器通常安装在水下的固定位置，测量其上方波柱的高度。当波峰经过时，波柱的高度上升；当波谷接近时，波柱的高度下降。用波柱高度减去压力传感器所在的深度，就可以得到海面平均高度的数据。但这无法准确测量单个波浪的高度。

图 2-6　大约 1940 年，比斯开湾的一艘商船前隐约可见的汹涌巨浪

注：人们认为，巨浪是在强风和急流共同作用下形成的一连串海浪。

潮汐是最长的波浪，是海水在月球和太阳的引力作用下所作的垂直运动。涨潮和退潮同时发生在地球的两侧，用航海家特里斯坦·古利（Tristan Gooley）的话来说，"可以将其看作环绕地球的非常长的海浪"，波峰之间的距离横跨半个地球。[21] 大多数沿海岸口在每个太阴日都会经历两次涨潮和两次退潮，太阴日是指月亮接连两次经过同一特定地点所需的时间。太阴日比太阳日长 50 分钟，因为月球绕地球公转的方向与地球绕地轴自转的方向相同，当地球自转一周后，月球已沿着轨道向前运行了一定角度，所以地球需要多一点时间才能"赶上"月球。离月球最近的那部分海洋在引力作用下向上隆起，而地球自转使这部分隆起的海洋绕地球旋转，因此，每 24 小时 50 分钟就会出现两次涨潮和两次退潮。

潮汐是全球性的现象，但它们也会表现出局部和区域性的特征，如漩水（eddy）、漩涡（whirlpool）、涡流（vortice）及大漩涡（maelstrom），潮汐的规律受到风力作用和天气条件以及局部地形的影响。在引力的单独作用下，潮汐大约 45 厘米高，高于 45 厘米的潮汐都是因沿岸地形以及其对涨潮时海水隆起的影响而形成的，涨潮时海水可隆起达 15 米，这一景象在险峻的塞文河口浅滩可见一斑。当潮汐拍击海岸时，潮水冲进海湾和河口，由于受到海堤阻挡，在岩石和岛屿周围形成漩涡，潮汐甚至可能向后倒流，并自行消失，墨西哥湾部分地区的潮汐就是如此，那里每日只有一次涨潮。而地形及形成的水流的作用也会使所谓的"双潮"出现，即涨潮时出现双峰，并出现一段超长的涨潮期，这就是南安普敦在英格兰南海岸的怀特岛的庇护下，发展成为英国重要的海军和商业港口的主要原因。[22]

但是，潮汐变化无常的背后隐藏着一条基本规律，这种规律几乎如同时钟一般，地球上大部分沿海水域的潮汐周期为 12.5 小时：潮汐通常在一个方向上持续大约 6 个小时，然后逆转方向，在反方向上再持续 6 个小时。作家休·奥尔德西－威廉姆斯（Hugh Aldersey-Williams）曾将潮汐现象描述为"地球时间的基本单位之一"，即一种表示时间的方式，这一方式因长久以来时间和潮汐的相互联系而在我们的语言中占据了一席之地。[23] 盎格鲁 – 撒克逊语中的单词 tíd 源自原日耳曼语中的 tīdiz，它既表示海洋有节奏的运动，也表示具有宗教意义的时刻。在之后的几个世纪里，这些含义开始具体化，潮水开始被称为 flód（涨潮）和 ebba（落潮）；同时还出现了一些新兴专业术语，如 apflód（低潮）、héahflód（高潮）、népflód（小潮）和 fylleflód（大潮）①。相比之下，古英语中

图 2-7　潮汐的测量

注：1926 年，一名测量员正在检查西格陵兰海岸的潮汐计。

的 heahtid（高潮）指的是节日或节假日，而形容词 tidy 也源自 tíd，它最初的含义是"合乎时宜的"或"在其位置上的"，现代用法中仍有这层含义。到 15 世纪，英语中把表示潮汐的术语 flood 和 ebb 用于比喻，如前者用在 a flood of tears（泪如泉涌）中，后者则用来指"逐渐消失的事物"。而且随着时间的推移，其他表达方式在意义上也发生了变化，例如 to tide someone over 如今的意义是"财政支持"，而该表达最初用于航海，指在高潮时期，船只及其领航员顺着潮水越过沙洲或越过在其他潮水状态下无法通过的某些浅滩障碍。[24]

　　了解潮汐对航海者来说至关重要，因此潮汐的测量自古以来就受到人们的重视（见图 2-7）。第一个潮汐预测表出现在

---

① fylleflód 译为英文是 spring tide，spring 在这里被用于形容上涌的海水，而非春天这一季节，这一词语与季节没有关联着实令人吃惊；中世纪对这个词的用法误导了人们，从那以后，人们误以为春天的潮水会更汹涌。

11 世纪的中国，当时是用于应对钱塘江上汹涌而来的极其凶险的潮水。这个被当地人称为"黑龙"的世界三大涌潮之一的特大涌潮每年都会吸引成千上万的观众。

海图上并不总是标出遥远的海上出现的漩涡、涡流和潮流等与潮汐有关的扰动。休·奥尔德西－威廉姆斯在描述自己被卷入大漩涡时表示："它们不仅代表着某些地方，也代表着某些戏剧性的事件。"奥尔德西所说的大漩涡在挪威罗弗敦群岛附近，当地人称之为莫斯肯漩涡，这个名字来自附近的莫斯克内斯岛。爱伦·坡在 1841 年完成的小说《莫斯肯漩涡沉浮记》中（见图 2-8），以及儒勒·凡尔纳在《海底两万里》的悲剧结局中，都提到了文学传说中的疯狂漩涡，但这种疯狂漩涡其实是由漩水和漩涡组成的，用奥尔德西的话说："与狂暴的巨浪相比，它安静地展现着自己恶毒的威力。"[25]

图 2-8　哈里·克拉克（Harry Clarke）绘制的大漩涡

注：该图基于爱伦·坡 1919 年的作品集《神秘及幻想故事集》（*Tales of Mystery and Imagination*），展示了小说中叙述者的小船被拖向毁灭的涡流的场景。

挪威语中 maelstrom（大漩涡）一词的拼写有很多种变体，从 malen（研磨）到 stroom（溪流），还有爱伦·坡作品中的 maelström、儒勒·凡尔纳作品中的 maëlstrom 以及英国作家 A. S. 拜厄特（A. S. Byatt）《传记作家的传记》中的

maelstrøm①。多种拼写方式为从语言上展现想象中的猛烈场面做好了铺垫。²⁶ 爱伦·坡的小说将 maelstrom 一词引入了英语，相关的场景描述颇为夸张：

> 就在我凝望之时，那股海流获得了一种异乎寻常的速度。那速度每分每秒都在增大，海流的势头每分每秒都在增强。不出五分钟，从海岸远至浮格岛的整个海面都变得浊浪滔天，怒涛澎湃；但海水最汹涌的地方则在莫斯克内斯岛与海岸之间。那里的海水分裂成上千股相互冲撞的水流，突然间陷入了疯狂的骚动，跌宕起伏，滚滚沸腾，嘶嘶呼啸，旋转成无数巨大的漩涡，所有的漩涡都以水在飞流直下时才有的速度转动着冲向东面。

不久之后，激流减弱了，漩涡也消失了，取而代之的是"巨大的条纹状泡沫"，这些泡沫向外漫延，漫延了很长一段距离，然后开始不寻常的旋转运动：

> 突然——真是突如其来——那个大漩涡已清清楚楚地成形，其直径超过了半英里（约 800 米）。那漩涡的周围环绕着一条宽宽的闪光浪带，却没有一点浪花滑进那个可怕的漏斗；我们的眼睛所能看到的那漏斗的内壁，是一道光滑、闪亮、乌黑的水墙，墙面与水平面大约成 45 度角，以一种令人眼花缭乱的速度飞快地旋转，并向空中发出一种可怕的声音，一半像悲鸣，一半像咆哮，连气势磅礴的尼亚加拉瀑布也从不曾向苍天发出过这种哀号。²⁷

---

① 见拜厄特于 2000 年创作的喜剧小说《传记作家的传记》（*The Biographer's Tale*），该小说中的主人公遭遇了尼摩船长式的死亡。

漩涡是因当地地形或两股流动方向相反的水流相遇而使快速移动的水流旋转形成的。虽然漩涡通常嘈杂而猛烈，但挪威的大漩涡最初是相当平静的。该漩涡是在强烈的日潮推动下形成的一系列汹涌起伏的波浪和斜坡，而不是民间传说中所指的海洋的空洞或"肚脐"。[28]

但是地球上不会永远存在这样的现象。大约 10 亿年前，月球距离地球比现在近得多，月球的引力相应也比现在更强，因而曾使刚由大气中的水蒸气凝结而成的海洋掀起了巨大的波浪。潮汐因摩擦耗散的能量有助于减缓地球自转和公转的速度，也将月球锁定在当前的轨道中，于是月球就总是以同一面面向地球。运行速度减缓的地球最终也被潮汐锁定，从而总是以同一面面对月球。当月球与地球总是以同一面面向对方时，潮汐就不会再出现，所有幸存的智慧生命都将失去地球上这一伟大的自然奇观，即海洋在月球的引力作用下涨落的奇观。

墨西哥湾流

英国在管理美洲殖民地期间的烦恼之一是，从英国派出的船只穿越大西洋的时间比从美洲派出的船只要多花两周的时间。英国海军部无法解释这种差异，这种差异不能归因于盛行风。于是他们找到了科学家兼殖民地邮政总局局长本杰明·富兰克林，富兰克林后来在以航海为业的人中进行了调查，结果发现了楠塔基特岛的捕鲸者世世代代都知道的一件事：大西洋上有一股湍急的洋流，沿着东海岸向前流动，然后穿过公海到达欧洲。富兰克林随后两次横渡大西洋进行验证，结果证实，有一条被称为墨西哥湾流的湍急洋流确实穿过了北大西洋，并且"不了解墨西哥湾流的人也可以通过海水的温度了解哪里是湾流，因为湾流中海水的温度比两侧的水温要高得多"。[29] 在 1775 年 4 月到 5 月横渡大西洋期间，富兰克林大部分时间都在研究这个问题，从早上 7 点到晚上 11 点，他每天几次将温度计放到海里，与此同时，船沿着湾流东侧航行，然后再穿过湾流进入海水温度较低的水域。他注意到湾流中海水的颜色与周围海水的颜色不同，部分原因在于湾流中有大量的马尾藻（见图2-9），而且"湾流在夜间不会闪闪发光"。他认为，墨西哥湾流"或许可以当作河流来研究"。正是富兰克林的这一观点改变了当时人们对洋流的认识，同时富兰克林还指出，船只只需配备温度计就可以以不同方式利用大西洋上这条流动的墨西哥湾流，从而缩短双向穿越的时间。[30]

图 2-9　马尾藻海体现了海洋的复杂与多样

注：马尾藻海是唯一一个没有陆地边界的海域，因此没有海岸线。它以一种该区域特有的棕色马尾藻命名，这种海藻的枝叶可以沿海面延伸数千米。

继富兰克林之后，亚历山大·达拉斯·贝奇（Alexander Dallas Bache）开始对墨西哥湾流的运动进行研究，他是美国海岸测量局局长，也是富兰克林的曾孙。1845 年，贝奇发布了从事墨西哥湾流研究的一系列指南，在构建现代海洋学研究框架方面发挥了巨大作用：

- 在美国海岸这边，墨西哥湾流在海面及海面以下的界限是什么？
- 湾流是恒定不变的还是变化的？它们会随着季节、盛行风和不同类型的风而变化吗？附近冰量的增加或减少会对它们产生影响吗？
- 如何有效识别湾流呢？通过海面或海面以下的温度？通过海水深度？通过海底特征？通过植物或动物的特殊形态？通过气象学？还是通过海水盐度呢？
- 墨西哥湾流及其附近的海面和海面以下的水流方向和速度如何？它们会发生变化吗？[31]

贝奇把一系列物理、化学、地质、生物和气象问题汇集起来，以此扩展了海洋学的研究方向，他把海洋理解为一个涉及物理学与生物学的复杂系统。贝奇为自己能够延续曾祖父的海洋学研究工作深感自豪，尽管他的兄弟乔治·M. 贝奇（George M.Bache）上尉为此付出了生命的代价。乔治是一名海军军官，负责华盛顿号（Washington）勘探船。1846 年 9 月，在哈特勒斯角附近从事墨西哥湾流研究时，他和船上的 10 名船员被一场风暴卷入海中（见图 2–10）。

图 2–10　华盛顿号海难

注：1846 年 9 月，美国海岸测量局的双桅帆船华盛顿号在进行墨西哥湾流研究时遭遇了一场强风暴。乔治·M. 贝奇上尉和 10 名船员被卷入海中，不幸遇难身亡。

在此后的几个世纪里，人们一直在跟踪和测量墨西哥湾流的流向和速度，以及它在穿越大西洋的漫长旅程中所发生的变化：湾流在向北流动的过程中，温暖的热带海水冷却或蒸发，留下的海水盐度更高、密度更大。湾流到达挪威海时，海水温度更低、密度更大，于是它们开始向海底下沉，转而向南流向赤道，形成一股寒冷的逆流，最终回到其旅程的起点。这一巨大环流的作用是将大量热量传递到北大西洋，这些热量几乎是世界能源需求的 100 倍，可以保护西欧居民免受严冬的侵袭，而加拿大或阿拉斯加南部等类似纬度的地区仍受严冬困扰。

19 世纪 50 年代，美国水文学家马修·方坦·莫里首次描述了热盐（thermohaline）

变暖的过程，他将海洋描述为一个巨大而高效的锅炉房。thermohaline 这一术语源自影响海水密度的两个因素：热量（thermo）和盐分（haline）。莫里在 1855 年出版的具有里程碑意义的著作《海洋自然地理学》（*The Physical Geography of the Sea*）中这样概述，"热带就是熔炉，墨西哥湾和加勒比海就是蒸汽锅，而墨西哥湾流是输送管道"，这整个过程把热带暖流输送到英国和西欧。"正是由于墨西哥湾流对气候的影响，爱尔兰才成为'海上绿宝石岛'，使阿尔比恩的海岸四季常青；而在同一纬度的另一侧，拉布拉多海海岸却被冰雪牢牢束缚着"。他写道：

> 大海中有一条河流：在最严重的干旱时节，它从未干涸，在最为危险的洪水时节，它从未泛滥。它的两岸和底部是寒冷的河水，而它却是暖流。它的源头在墨西哥湾，入口在北冰洋。这就是墨西哥湾流，世界上再没有比这更雄伟的湾流了。[32]

莫里激情洋溢的描述呈现了墨西哥湾流浩瀚广阔的特点（见图 2-11），同时暗示了这一现象对地球气候带来的广泛影响。因为海水能够有效储存和传输太阳热能，所以这种热盐海流会引起地球天气的变化。水占地球总面积的 70%，其中约 97% 的水分布在海洋，而其余大部分冰冻形成了冰盖和冰川，大气中水的含量只有不到 0.001%，只相当于地球 10 天的降雨量。热盐环流从北部海洋到南部海洋来回往返，将大量的水输送到全球各地。由于海水密度存在差异，这些洋流将海洋中的海水缓慢地自上而下翻转，就像一条巨大的传送带，将温暖的表层水向下输送，并迫使寒冷、密度大、营养丰富的下层水向上翻涌。极地地区寒冷的海水形成海冰，盐分被析出，使周围水域的海水盐度升高。随着极地海水盐度升高，其密度增加，于是开始下沉。然后，地表水进入并替代下沉的海水，而这些海水的温度也会下降、盐度升高，从而也会下沉。正是这种运动引发了深海洋流，推动着全球的传送带，而海水总是在寻求平衡。当寒冷、密度大的海水下沉时，温暖的海水从下方涌上来，从而补充海面的热量损失。

图 2-11　温斯洛·霍默于 1899 年绘制的布面油画《墨西哥湾流》(*The Gulf Stream*)

注：这幅画展现的场景是灾难迫在眉睫，一名男子在一艘断了桅杆且没有船舵的渔船上面临着随时到来的死亡。与此同时，饥饿的鲨鱼和逼近的龙卷风也在威胁着他的生命。远处地平线上的那艘纵帆船带来了唯一的希望。

　　海水的这种平衡使得海面收集到的太阳能与海洋底层富含营养的腐烂动植物沉积物混合在一起。如果没有"巨大的传送带"使这些物质动起来，如果没有沿海地区出现的风力驱动的上升流，这些营养物质大部分将会被封存在海底，这样海洋中就不会出现令人眼花缭乱的生命形式。据统计，海洋中可能有多达 200 万个物种，其中大部分还尚未被分类或命名。

　　下一章将探讨海洋中神秘而复杂且相互关联的生态环境。

章末总结

海洋科学

　　波浪由海风和海面摩擦产生。海风会使海面上下波动，以波浪的形式在海水中传递动能。根据波浪的周期或波长，人们对其进行了分类，最小的波浪为毛细波，最大的波浪为潮汐。毛细波具有独特的波纹结构是由于微风以每秒 3～4 米的速度吹拂海面时，产生的波浪波长通常小于 1.5 厘米。而潮汐作为最长的波浪，是海水在月球和太阳的引力作用下所作的垂直运动；涨潮和退潮同时发生在地球的两侧，在太阴日，每 24 小时 50 分钟就会出现两次涨潮和两次退潮。

3

Sea Life

海洋生物

假若能够张开血盆大口，大海定能吞噬自己。

杰里米·里德（Jeremy Reed），1984

《狗鲨》

Dogfish

　　地球上规模最大的生物迁徙每晚从"暮光区"开始。暮光区是指海平面以下 200 ～ 1 000 米深的开阔的海洋中层带，大多数海洋生物生活在这里。当夜幕降临时（见图 3-1），从最小的箭虫到最大的鲸目动物，数百万吨的生物会游到"阳光区"，在相对安全的环境中觅食。在夜色的掩护下，它们勇敢地在较浅的水域捕食磷虾、浮游动物和小型浮游植物，有时也会互相残杀，胜利者在黎明时返回暮光区。

图 3-1　月光下的大海

注：萨福克郡沃尔伯斯威克附近的海域。

欧内斯特·海明威于 1952 年出版的小说《老人与海》中的叙述者说："日落时分对于所有鱼儿来说都是一段难熬的时光。"在日出前紧张忙碌的几个小时里，世界各大洋最上层的 30 米内充满了海洋生物，就像挤满了水生生物的水族馆；在这里，每晚大约有 35 亿吨的浮游植物被吃掉——这几乎是地球上所有人体重总和的 8 倍。[1]

这个生物迁徙的过程被称为垂直迁徙，是较为新近的一项发现，迄今海洋动物学家还没有收集到有关海洋生物自然史的详细细节，对他们来说，海洋深处的生物仍然像 19 世纪中期海洋科学研究刚起步时一样神秘。"我们对海洋深处一无所知，"儒勒·凡尔纳笔下的叙述者阿龙纳斯教授在《海底两万里》[①] 的开头前几页里说，"探测器下不到那么深的地方。海洋深处到底是什么情况？海面以下 22 千米到 28 千米的地方到底有什么，或者可能有什么生物存在着？它们的机体具有怎样的结构？对此，我们几乎一无所知。"[2] 在鹦鹉螺号潜艇航行 150 年后的今天，我们仍可以这样说，世界上 13 亿立方千米的海洋，人类迄今只探索了不到 5%，而且人类还未发现生活在海洋深处的可能多达 200 万种的未知生物，此处的关键是"海洋深处"：海洋覆盖了地球表面的 70% 左右，但其为生物提供了 90% 以上的生存空间。我们对海洋的了解正在逐步加深，诸如遥控潜水器（ROV）和自治式潜水器（AUV）等海底漫游技术的出现，预示着深海探索新时代的到来。

海洋被划分为 5 个不同的区域：阳光区、暮光区、午夜区、深渊区和超深渊区，它们的学名分别为上层带、中层带、深层带、深渊水层带、超深渊带，后两个区域人类尚未探索过，相较于前面几个区域，那里温度骤降，水压猛增到惊人

①引自儒勒·凡尔纳所著《海底两万里》的内容出自陈筱卿译本，西安交通大学出版社，2015。——译者注

的水平。在海面以下仅 300 米处，即暮光区的顶部，水压已经是地球大气压力的 30 倍，这样的压力足以使人体器官破裂。在海面以下 1 000 米处，即午夜区的顶部，人体的肺会衰竭。大多数深海生物已经适应了亚光区的巨大压力，它们淘汰了鱼鳔等多余的空腔（否则这些空腔会被压瘪），与此同时，它们长出了像水滴鱼（软隐棘杜父鱼）那凝胶状且能吸收压力的肉体，水滴鱼虽被人们评为世界上最丑陋的动物，但它能够很好地适应深海环境。巨大的抹香鲸也是如此，抹香鲸可以潜至近 3 000 米的深度（见图 3–2），这是哺乳动物下潜的最高纪录。在这样的深度，它们的肺会被压成扁平状，但它们的头部有些很大的腔，这些腔内的半液态、蜡质抹香鲸脑油使它们的重力与浮力处于平衡状态，通过腔内脑油的冷却固化，抹香鲸可以在长时间潜入深海的过程中，身体保持更大的密度。

图 3-2　毛里求斯海岸边的抹香鲸母子

注：抹香鲸能下潜到海底近 3 000 米的深度，这是哺乳动物下潜的最高纪录。

　　海洋深处漆黑一片，生物无法利用太阳能进行光合作用来获取营养。但许多深海物种自身会发出生物光（见图 3-3），因而深海水域闪烁着数以百万计的彩色光斑。鉴于生活在深海的物种种类繁多，远远超过生活在陆地上的物种，这些由化学物质发出的光成了地球上最广泛的交流形式。比如约氏黑角鮟鱇的发光拟饵体以及礁环冠水母，前者在等待猎物时从鼻子伸出拟饵体，而后者在遭到袭击时会发出一系列闪亮的蓝光来转移攻击者的注意力，因此被冠以"警报水母"的绰号。

图 3-3　深海生物之光

注：海月水母漂浮在水族馆的蓝色光影中。

　　海洋有着超乎想象的丰富多彩的景观，有海流、潮汐、浅滩、深海等，其特点是温度、密度和盐度的变化幅度极大。海洋里生活着极为丰富的生物物种，人类对其中的大部分物种仍一无所知。不过，虽然我们对海洋中繁盛和衰落的生物物种还知之甚少，但是，每年新发现并命名的海洋物种大约有 2 000 种。本章将着眼于一些常见的海洋生物形式，先从海岸线附近的岩石区潮水潭和浅滩的生物开始，然后深入开阔水域，探寻一些鲜为人知的深海生物。

海岸附近的生物

埃德蒙·戈斯在 1907 年出版的《父与子》中，详尽地描述了自己在 19 世纪 50 年代的童年生活，其中有个场景令人难忘，让人回想起戈斯寡居的父亲菲利普·戈斯（Philip Gosse），他对当时兴起的岩石区潮水潭探索热潮非常痴迷。他们经常去德文郡海岸旅行，老戈斯总是会"涉水到齐胸高的巨大潮水潭中，查看被虫咬过的岩石边缘的上下表面"，寻找珊瑚和海葵来丰富自己的藏品库。[3] 但很快就有成千上万的人开始效仿，据戈斯说，到 20 世纪末，英国的岩石区潮水潭，本是"环绕着海岸的充满生物的美丽之环"，现在却几乎没有什么生物了（见图 3-4）。

图 3-4　潮水潭中的生物之环

戈斯这样描述潮水潭中生物的变化：

　　一大群"收藏家"经过这里，洗劫了这里的每一个角落。童话般的天堂遭到破坏……在英格兰海岸再也看不到我童年时所见的景象了。童年时，我可以看到，海底黑色的岩石闪烁着五彩斑斓的光芒，上面还飘扬着皇家深红色和紫色的丝质旗帜。[4]

图 3-5　海葵插图

注：该插图来自恩斯特·海克尔（Ernst Haeckel）1904 年出版的《自然的艺术形式》（*Art Forms in Nature*）。

老戈斯的遗憾则在于，他知道是自己推动了这场掠夺行为。他出版了一系列关于海洋生物学的畅销书，第一本是 1853 年出版的《博物学家德文郡海岸漫步记》（*A Naturalist's Rambles on the Devonshire Coast*），在这本书中，他鼓励人们采集海岸上的生物标本，在家里进行研究和展示。这本书详细描述了几十个物种，以及将它们从栖息地中抓出来所需的技巧。例如，可爱的海葵（见图 3-5）可能看起来很容易采集，但出人意料的是，人们很难将其抓起。手指一碰到它，它美丽的圆盘就开始卷曲，边缘皱起，并向内弯曲成杯状；除了用凿子撬，什么办法都不管用，但是用凿子撬也绝非易事。[5]

　　而老戈斯于 1854 年出版的第二本书《水族馆》（*The Aquarium*）则掀起了建造室内水族馆（该词为老戈斯自己所创）的热潮（见图 3-6），还导致英国海岸边的岩石区潮水潭和海蚀洞大规模剥落。戈斯本人的任务是为 1853 年在伦敦动物园开放的第一个公共水族馆采集海葵和其他海洋生物标本，《水族馆》这本书鼓励读者以微缩模型的方式复刻公共水族馆刚展出的展品：

　　任何来到海边的游客，虽然在海边停留的时间很短，但都可以毫不费力地在汤盘里，甚至在玻璃杯里享受动物学研究的乐趣。用锤子，甚至用一把结实的折刀，就可以轻松敲下生长着微小海藻的岩石碎片，然后把岩石碎片按比例放在水中，这样你就拥有了水族馆。[6]

图 3-6　室内水族馆

注：室内水族馆在 19 世纪中期开始流行起来。该词是菲利普·戈斯在 1854 年出版的《水族馆》一书中创造的。

　　老戈斯随后在书中详细说明了采集各种植物和动物的方法，从采集长春花到捉螃蟹，应有尽有，但这些动植物大多数注定会因无人照管或水箱清洗不当而死在郊区住宅的客厅里。他还建议人们租一艘船出海捕捞，他曾面对铺满甲板的大量捕捞物感慨道："看到捕捞船能捕捞到这么多东西，真是太开心了！我并不想一一列出我们能捕捞到的所有东西，因为这个列表会很长。"不过，我们知道这个列表上有植形动物、软体动物、节肢动物、纽形动物、海绵动物、脊索动物和棘皮动物，从海蛇尾到沙星，种类繁多，不过沙星很难存活，而且根据英国 1981 年颁布的《野生生物与乡村法》（*Wildlife and Countryside Act*），这些生物中的许多现在已被列为易危物种，禁止在英国水域捕捞。[7]

老戈斯是普里茅斯兄弟会虔诚的会员，对他来说，收集海洋动物是研究自然奥妙的一种手段，当他从玻璃缸和桦木水缸中发现海洋的秘密时，他感到非常高兴。他特别感兴趣的是生物共生现象，在这一现象中，两个物种的生活相互交织在一起，互惠互利。以海葵为例，海葵外表像花，触须会变色，一直被认为是介于动物和植物之间，现在被归类为动物。某些种类的海葵和寄居蟹之间存在共生关系：它们紧密融合在一起。这令人感到迷惑：其中一个是雄性，另一个是雌性吗？到底是哪一个在起主导作用？是螃蟹拖着色彩鲜艳的海葵沿着海床移动，还是海葵释放出某种强大的膜，把爬行的螃蟹困住，使其永远无法离开？

直到 20 世纪 30 年代，这种密切的相互作用才有了合理的解释，这种相互作用现在被认为是"生物共生的最好例证"。[8]海葵利用自身的刺细胞阻止章鱼等捕食者靠近螃蟹，而通常静止不动的海葵则受益于其移动宿主螃蟹，获得了游动的栖息地。它也可以吞食螃蟹的猎物，因为它的嘴正对着螃蟹的嘴。不过，在食物短缺的时候，螃蟹还是会攻击它信任的伙伴，吃掉可怜的海葵。

本杰明·富兰克林对海洋生物共生现象也表现出了类似的兴趣。1726 年秋天，他在为期两个月的横渡大西洋航行中，观察到了鲨鱼和引水鱼之间的互利关系。他这样写道："每条鲨鱼都有这样的随从，它们为鲨鱼供应食物，为鲨鱼寻找并识别猎物；而作为回报和感谢，鲨鱼会保护引水鱼，使它们免于沦为海豚的食物。"[9]无论对富兰克林还是对后来的戈斯来说，这种共生关系清楚地表明，一种神圣有序的自然规律在起作用。

据戈斯说，尽管近几十年来，随着水下水族馆以人工礁石的形式在海上建立起来，海洋保护已经逆转了人们从维多利亚时代起把海洋生物从海洋搬进室内的过程，但是，老戈斯还是对自己曾经鼓励人们采集海岸线上的生物而感到"非常懊恼"，他没有预料到会产生这样的后果。[10]自 20 世纪 80 年代以来，数千辆废旧的纽约地铁车厢被拖上驳船，投放到了从新泽西州至南卡罗来纳州的东海岸附近的大西洋水域，从而为易危的甲壳类动物和诸如鲈鱼、金枪鱼、鲭鱼和比目鱼等鱼类提供人工三维栖息地。特拉华州海岸附近有一个现今称作"红雀礁"（Redbird Reef）的地方，它得名于纽约标志性的红雀地铁车厢，自从 700 多节地铁车厢被投放到沙质海底成为鱼类的豪华住所，该区域的海洋生物数量增加了 400 倍。尤其是贻贝，得益于地铁车厢广阔的表面积，数以百万计的蓝色贻贝现在从里到外附着在这些人工鱼礁上；贻贝等双壳类动物还供养着虾、蟹和蠕虫等另外三四十种海洋生物。在图 3-7 中，一群海狮在阿拉斯加东南部海域的一个航标上休息，这也是一种人工三维栖息地。

图 3-7　海狮在阿拉斯加东南部海域的一个航标上休息

闪光的鱼鳍

电影史上最著名的台词之一出现在《大白鲨 2》预告片中："别以为回到海里很安全。"该电影由吉诺特·兹瓦克（Jeannot Szwarc）执导，于 1978 年上映。第一部《大白鲨》由史蒂文·斯皮尔伯格执导，于 1975 年上映，该电影改编自彼得·本奇利（Peter Benchley）于 1974 年出版的同名小说。据本奇利说，该小说是为了回应一则新闻报道而写的，该报道称，从事大型渔猎的渔民弗兰克·蒙德斯（Frank Mundus）在长岛海岸捕获了一条重达 2 060 千克的大白鲨。对于这本小说的名字，本奇利纠结了很久，起初将其命名为"水中的寂静"，后又改为"利维坦的大白鲨"，后来他意识到，后一个标题中只保留最重要的名词就能最直接地表达自古以来人类对鲨鱼的畏惧。

鲨鱼是一种古老的鱼类，虽然它们出现的时间可以追溯到4.2亿年前，但它们一直在不断进化。9种"行走"的鲨鱼中有两种的历史不到200万年。它们分布于各大海洋中，大小不一，既有长度不足20厘米的深海物种侏儒额斑乌鲨，又有长达18米的世界上最大的鱼类——鲸鲨。很多种类的鲨鱼在海洋环境中是顶级捕食者，这在一定程度上解释了人类为什么会敬畏鲨鱼，也为鲨鱼名字的来源提供了线索。

鲨鱼一词来自16世纪的德语单词schorck（有时拼写为schurke），意思是"恶棍"或"无赖"。在英语中，shark的相关含义为"欺骗他人的不诚实的人"，此含义最早出现于1599年，虽然sharker（狡猾的骗子）的用法出现得更早，并且可能含有shark这个词的原始语义，但是后来，人们认为鲨鱼天性狡猾，且具有掠夺性，因此将shark一词用来指代这种鱼类。

shark一词最早运用于英语的历史可以追溯到1569年，当时，约翰·霍金斯（John Hawkins）船长第二次远征时的船员，把在大西洋采集到的被称为"这条神奇的鱼"的巨大标本带到了伦敦，并在标本展出时附了一张宣传单，上面写着："据我所知，它没有专门的名字，但霍金斯船长的船员们把它叫作鲨鱼。"[11]在此之前，在包括英语在内的几种欧洲语言中，鲨鱼被称为"狗鲨"或"猎犬鲨"；不过，西班牙商人在加勒比海第一次遇到鲨鱼时，他们借用了阿拉瓦克语单词tiburon（西班牙语tiburón），该词在英语中曾短暂使用过一段时间，后来被shark一词取代。

为什么人们对鲨鱼如此畏惧呢？根据生物学家爱德华·威尔逊（Edward Wilson）的说法，我们对鲨鱼与其说是畏惧，不如说是迷恋，我们围绕这一生物编造故事和寓言，以此来作为一种社会防御形式，"因为迷恋，我们做好了防备，有了防备我们才能生存：我们以一种部落的方式深爱着这种怪物"。[12]例如，夏威夷神话中就有鲨鱼人的故事，鲨鱼人可以在鲨鱼和人类之间进行转换；有时，鲨鱼人会警告海滩上的游客，水中有鲨鱼，但海滩上的游客却对此一笑置之，不予理会，结果被发出警告的鲨鱼人袭击并吃掉了。这其实就是《大白鲨》的情节，在《大白鲨》小说①和电影中，人们因瞥见"幽灵般的银灰色影子"在水下静静地游动而感到不安，悬念由此产生，"颌部，肉耷拉着，笑容可掬，里面林立着锯齿形的三角牙齿。随后是乌黑的、深不可测的眼睛；腮帮子呈波浪形——宛如留在铁灰色皮肤上的无血色的伤疤"。[13]

作为捕食者，鲨鱼靠的是难以捉摸的行踪。而斯皮尔伯格在把小说拍摄成电影的过程中遇到的许多技术难题最终成为电影的优势，其中最大的技术难题是以斯皮尔伯格的律师命名的机械鲨鱼布鲁斯出了故障。斯皮尔伯格决定，在布鲁斯故障期间继续拍摄，这也成为这部电影成功的秘密：电影的悬念随着鲨鱼迟迟不露面而不断增强。在《大白鲨》两小时的放映过程中，鲨鱼出现在银幕上的时间不到 8 分钟，而且是在电影放映到 80 分钟后才出现（见图 3-8）。

图 3-8　《大白鲨》的主角布鲁斯

注：在史蒂文·斯皮尔伯格于 1975 年执导的电影《大白鲨》中，易出故障的机械鲨鱼布鲁斯才是最重要的明星，即便在这部两小时的电影中，布鲁斯出现在银幕上的时间还不到 8 分钟。

①引自彼得·本奇利所著《大白鲨》的内容出自赵学熙、乐眉云、张柏然合译本，译林出版社，2003。——译者注

约翰·休斯顿（John Huston）超预算改编的电影《白鲸记》在拍摄过程中也遇到了类似的问题，该电影于1956年上映。电影中的一个主要道具是由邓禄普公司制造的一条23米长的橡胶鲸，但这条橡胶鲸从拖绳上脱落，在加那利群岛附近的海上失踪。

本奇利的小说《大白鲨》有许多文学渊源，其中最著名的就是梅尔维尔的《白鲸》，《大白鲨》中昆特对大白鲨的痴迷模仿的就是《白鲸》中亚哈船长对大白鲸的痴迷。小说中，虎鲸号船长昆特被鱼叉绳拖入水下后溺水身亡，这不禁让人想起，亚哈船长也是被鲸鱼拖入海里身亡的。但是，电影版中声名狼藉的昆特被爬上沉船的鲨鱼咬成两半，这样的情节并非出自《白鲸》，而是出自爱伦·坡唯一的一部长篇小说《亚瑟·戈登·皮姆的故事》①，在这部1838年出版的小说中，皮姆和他的船友彼得斯在南大洋上漂流时，发现自己被凶猛的鲨鱼包围：

> 傍晚时分，我们看见了几条鲨鱼，其中体积很庞大的一条还胆大包天地朝我们猛冲过来，使大家大吃一惊。有一次，海浪使船身猛然倾斜，甲板深深地沉到了水下，这头魔鬼竟然趁此机会朝我们游了过来，在升降口处挣扎了几下，尾巴还狠狠地砸到了彼得斯身上。[14]

这两个人成功逃脱了鲨鱼的袭击，这与斯皮尔伯格执导的电影中昆特的惨死不同，昆特的惨死凸显了电影对鲨鱼残酷无情这一负面形象的刻画。无论是电影还是小说，《大白鲨》的影响力非常之大，加剧了人们对鲨鱼的畏惧，因而20世纪70年代沿海地区的人们疯狂捕杀鲨鱼，导致鲨鱼数量急剧下降，尤其是在美国东部沿海地区，捕杀鲨鱼比赛成为一项常规运动。在1986年到2000年

---

①引自爱伦·坡所著《亚瑟·戈登·皮姆的故事》的内容出自夏红星译本，新华出版社，2015。——译者注

间，大西洋西北部的双髻鲨的数量减少了 89%，大白鲨减少了 79%，虎鲨减少了 65%。[15] 1/4 的鲨鱼物种，以及它们的近亲鳐鱼，目前都濒临灭绝。本奇利后来写道，他对自己引发所谓的"《大白鲨》效应"深感懊悔，并在生命的最后 10 年致力于海洋保护，出版了一系列纪实作品，如 2002 年出版的《鲨鱼的麻烦》（Shark Trouble），在这部书中，本奇利倡导人们要给予鲨鱼更多的理解和尊重。他所做的修正与倡议在他去世后得到人们认可，2015 年人们以他的名字命名了一种新发现的灯笼鲨：本奇利灯笼鲨。

鲨鱼的未来仍有很多不确定性，过度捕捞是它们面临的最大威胁。每年人类捕获的鲨鱼数量超过一亿条，而人们捕获鲨鱼的主要目的是获取鱼鳍，因为鱼鳍是鱼翅汤的主要成分；通常情况下，人们把鲨鱼的背鳍和胸鳍割掉，然后把仍然活着的鲨鱼扔回大海。自古以来，人类对这些古老但目前极度濒危的生物充满畏惧，这进一步固化了人们麻木不仁的态度。毕竟，我们中有多少人会同情在子宫内经历同类相食而出生的物种呢？鲨鱼采用了一种残忍的繁殖策略，最强壮的后代在子宫内吞食自己兄弟姐妹的胚胎。割了鳍的鲨鱼不能游泳，只能沉入海底，要么窒息而死，要么被其他捕食者吃掉。人类捕获鲨鱼的行为严重影响了鲨鱼种群总量，这主要因为鲨鱼发育缓慢，产下的幼鲨数量无法补足日益减少的鲨鱼种群数量。海洋生物学家预测，如果人类继续以现在的水平割取鱼鳍，那么到 21 世纪末，海洋中几乎所有的鲨鱼物种都将灭绝。[16]

奇特的生物

《大白鲨》上映后的几十年里，电视纪录片一直在努力提高公众对海洋环境的认识，英国广播公司近年来制作的具有里程碑意义的系列纪录片《蓝色星球》（The Blue Planet）更是如此。该系列片于 2001 年 9 月首播，后续推出的《蓝色星球》第 2 季于 2017 年播出。具有开创意义的美国纪录片节目《雅克·库斯托

图 3-9　小飞象章鱼

注：小飞象章鱼是一种令人难以捉摸的深海觅食动物，因其外形酷似迪士尼的小象而得名。它们通过缓慢拍打突出的耳状鳍来游动，同时利用手臂控制方向。

历险记》于 1968 年到 1976 年播出后更是前所未有地吸引了全球观众，该系列片展现了以前电影中从未捕捉到的众多动物习性，比如瓶鼻海豚和伪虎鲸协同捕猎，或者鞍斑猪齿鱼把珊瑚用作铁砧，强行敲开蛤壳。该系列片中拍摄到的某些动物习性在以往的科学研究中从未发现，比如，在一组镜头中，一只普通的章鱼，身上裹着贝壳碎片，伪装成别的样子，以躲避捕食者睡袍鲨的袭击。但这套纪录片中最吸引观众的是众多奇特的水下生物，有长相奇特的小飞象章鱼（见图 3-9），它确实长得像卡通人物；还有雌雄同体的亚洲羊头濑鱼，它们可以在交配季节从雌性转变为雄性，在几周内改变整个生理机能。

　　海洋生物的神秘感随着所生活海洋深度的增加而增加。海洋生物中最奇怪、最令人难以捉摸的是巨型皇带鱼（见图 3-10），它的体长可达 11 米。人类在 1772 年首次发现皇带鱼，现在很少见到活着的皇带鱼了，因为它们生活在 200 米到 1 000 米深的中上层水域。这些细长的多骨鱼只有在生病或濒临死亡时才会浮出水面，人们偶尔会在海岸线上发现死亡的皇带鱼。它们体型庞大，外表凶悍，因而常引起人们的惊恐和猜测。2008 年 7 月，科学家利用遥控潜水器首次拍摄到一条巨型皇带鱼在墨西哥湾的天然深水栖息地中游动的画面。这是人们首次真正在深海发现皇带鱼，这条皇带鱼的体长估计在 5 到 10 米之间。[17]

图 3-10　皇带鱼

注：1860 年，一条 5 米长的
皇带鱼被冲上百慕大群岛的海
滩，这幅版画选自《哈勃周刊》
（*Harper 's Weekly*）。

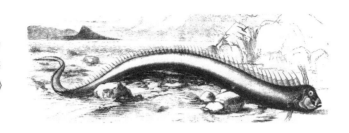

皇带鱼很可能是早期海洋旅行者讲述的故事中的海蛇原形之一，亚里士多德和老普林尼对此也有记述。老普林尼描述了在罗马展出的一具"海怪"的巨大骨架，它"长 12 米，肋骨的高度超过印度的大象，脊椎骨厚约 0.5 米"。[18] 据报道，这具骨架是在犹太省的约帕① 附近被冲上岸的，老普林尼认为，这就是传说中的海怪凯托斯的遗骸。传说中，凯托斯是被海神波塞冬派去吃掉被俘的安德洛墨达公主的，但后来珀修斯戏剧性地救出了公主。

撇开传说不谈，根据目击者对皇带鱼的精确描述，是可以证明这是一具远古时期皇带鱼的骨架，还是说明这只是一种独特的提醒方式，提醒人们生物灭绝和神话传说之间的联系，以及一直存在的奇特生物和人们想象出来的奇特生物之间的联系？

老普林尼的《自然史》② 内容极为详尽（有时甚至因此令读者筋疲力尽），其特点是将科学研究和民间八卦奇妙地结合在一起，将真实的观测证据和奇幻的传说故事结合在一起。例如书中记载，海豚爱上了一个人类男孩，在男孩离开后憔悴而死；第 9 卷中目击者关于人鱼（海中之人）的描述：

———————————

①犹太省是罗马帝国时代的行省，位于今天的以色列南部及约旦西南部；约帕是古时以色列的一个重要港口。——编者注
②引自普林尼所著《自然史》的内容出自李铁匠译本，上海三联书店，2018。——译者注

我引用一些著名骑士的说法作为证据，他们说自己在加德斯湾看见一个特赖登①，它的身体外表非常类似人类，他们说它在黑夜爬上船只，它坐着的那边被压得一直向下沉，如果它待在那里太久的话，那条船就要沉到水里去了。[19]

这个神秘的生物到底是什么？它与老普林尼所描述的各种半人半神的海神有关吗？它是在海底洞穴里吹奏海螺壳的海神特里同，还是居住在大西洋海岸线上的半鱼半人的海中仙女涅瑞伊得斯？涅瑞伊得斯临终之际的哀歌，沿海的居民从很远的地方就能听到。[20]它们是海豹呢，还是一群搁浅的海狮呢？

老普林尼中还对巨型鱿鱼进行了描述，它的头有桶那么大，巨大的触须可以袭击并掀翻渔船。根据卑尔根的路德教主教埃里克·蓬托皮丹（Erik Pontoppidan）于 1752 年出版的《挪威自然史》（*Natural History of Norway*）中的表述，巨型鱿鱼就是传说中的挪威海怪克拉肯，"一种体型巨大的海洋生物，与其说它是一种有组织的生物，不如说它像一座岛屿"。[21]就像老普林尼描述神话般的凯托斯一样，蓬托皮丹列举了人们在北大西洋看到挪威海怪的许多证据，其中包括挪威渔民的证言，他们看到"这个巨大的怪物浮出水面"，然而，人们从未见过克拉肯的整个身体，只说它"乍一看像一群小岛，周围环绕着像海藻一样漂浮不定的东西"：

> 最后出现了几个亮点或触角，它们浮出水面，越来越高，越来越粗，有时甚至像中型船只的桅杆那么高大。这些似乎是这个生物的手臂，据说如果他们抓住了最魁梧的"战士"，这位"战士"就会把他们拖到海底。这个怪物浮出海面不一会儿，就又开始慢慢潜入海里，而这时人们

①即海中之人。——译者注

的危险程度不亚于之前：因为它潜入海里时会掀起巨浪、巨大的涡流或漩涡，后者似马勒河的水流一般，会把所有的东西都卷入海里。[22]

巨枪鱿鱼和巨型章鱼（见图 3-11）是公认的最难以捉摸的巨型头足类动物，这两个物种据说也是挪威海怪克拉肯的原形之一；除此之外，冰岛附近海域的海底火山活动确实会以突发的危险洋流给海洋带来扰动，或产生露出海面的小岛，这种海底火山活动可能是挪威海怪形象的来源。阿尔弗雷德·丁尼生在 1830 年所写的不规则十四行诗《海怪》（*The Kraken*）[①]中就暗示了这一观点。在这首诗中，他把关于地球年龄和火的起源等新的科学理论与古老的斯堪的纳维亚传说结合在一起：

在深邃天穹的万钧雷霆之下，
在海底沟壑最深最深的地方，
这海中怪兽万古无梦地睡着，
睡得不受侵扰。幽微的阳光
飘忽在它影影绰绰的身躯边，
它上方是生长千年的大海绵；
悠悠远远的幽微惨淡光线中，
从许多奇特岩穴和隐蔽洞窟，
无数硕大无朋的章鱼往外涌，
来用巨腕扇这酣睡的绿怪兽。
它睡了多少世纪，但是它还要
边睡边吃大海虫把自己养胖，

①引自丁尼生所著《丁尼生诗选》的内容出自黄杲炘译本，外语教学与研究出版社，2014。——译者注

直到末日的烈火烧烫了海洋；

这时它咆哮着升到水面死亡：

就这么一次被人和天使看到。[23]

图 3-11　19 世纪早期版画中的巨型章鱼

注：该版画构想的场景是一只巨型章鱼在海上袭击了一艘船，它咆哮着露出水面，然后又在水面上消失了。

对于丁尼生来说，挪威海怪的出现预示着未来会发生一些毁灭性的大灾难，无论是天灾还是人祸，灾难都将出自深不可及的深渊，或如文学评论家谢默斯·佩里（Seamus Perry）所述，出自"奇特的海洋版丁尼生花园"。[24] 因此，强大的海底巨人后来成为 19 世纪冒险故事的主要题材。赫伯特·乔治·威尔斯（H. G. Wells）于 1896 年出版的小说《海洋袭击者》（*The Sea Raiders*）引起了人们的恐慌，在小说中，一群巨型食肉鱿鱼"神秘地出现在没有阳光的深海中"，沿着德文郡海岸发起了一系列致命的袭击。《海洋袭击者》采用了科学论文的语气和术语："例如，就这一物种来说，我们仍然完全不了解其栖息地。"但很快又转变为恐怖小说的风格，比如描写一群鱿鱼在海岸线上吞食一具人类的尸体，以及一名被派去调查这件事的船员的惨死：

他从海水中把胳膊完全伸出来。胳膊上挂着一团胡乱缠绕的棕色绳子。抓着他的那只怪物的眼睛瞬间露出了海面，它直勾勾地、一动不动地盯着他。小船倾斜得越来越厉害，褐绿的海水像瀑布一般，倾泻在船舷之上。接着，希尔滑了一跤，横倒在地，他的胳膊和周围的一大堆触角又滅回了水里……又过了一会儿，新的触角缠住了他的腰和脖子，在一阵短暂的抽搐挣扎之后，希尔被拖到海里去了，船也几乎要翻了。[25]

威尔斯的小说让人回想起一系列
古老的海怪，如挪威海怪克拉肯、希腊
神话中的六头怪斯库拉；还有出现各种
巨型海洋生物的近代文学作品，如赫尔
曼·梅尔维尔的《白鲸》、儒勒·凡尔
纳的《海底两万里》（见图 3-12）。《海
底两万里》中最具戏剧性的场景之一
是，一名船员打开舱门，却被一个 9 米
长的怪物的触角缠住，于是船员们与巨
型鱿鱼军团的战斗由此打响："霎时间，
一条长长的触角，像蛇似的滑进舱口，
还有 20 多条触角在舱口上面蠕动着。
尼摩船长猛地挥动斧头，把滑进舱口的
那条吓人的触角砍断，被砍断的那一截
触角蜷曲起来，沿扶梯滑了下来。"[26]

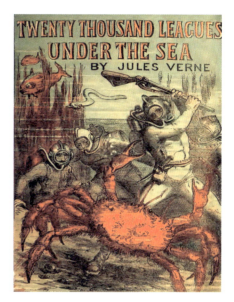

图 3-12　《海底两万里》的英文版封面

注：该封面画的是鹦鹉螺号船员遭到一只巨大
的深海蟹袭击。

经常有人指出，凡尔纳笔下的鱿鱼像章鱼一样有 8 条触角，而实际上鱿鱼有
10 条触角（见图 3-13），但考虑到那时科学界尚未真正了解这种巨型鱿鱼，凡
尔纳犯这样的错误是可以理解的。为了模糊词义，凡尔纳没有使用 calamar（鱿
鱼）一词，而是使用了 poulpe，这个词也可以翻译为章鱼。在水下打斗场面的高
潮部分，凡尔纳笔下的叙述者阿罗纳克斯教授指出，要公正地描述这次袭击，需
要"我国最杰出的诗人，即维克多·雨果出手"。《海上劳工》[①]是维克多·雨

①引自维克多·雨果所著《海上劳工》的内容出自陈筱卿译本，北京燕山出版社，
2001。引文略有改动。——译者注

果于 1866 年出版的作品，是一部描述海怪袭击人类的小说，这部小说中的海怪是一条巨型章鱼。[27] 在这部小说中，主人公吉利亚特与这条可怕的巨型章鱼殊死搏斗，这个场景在小说中描述得精彩绝伦：

> 这块破布一点点向你靠近。它突然间张开来，一张长有两只眼睛的脸上猛地射出八根辐条，这些辐条是活的，它们摆动起来能闪出火焰般的光芒……它展开来的样子非常吓人……它一缠到你，便要将你绞个半死；一碰到你，便让你瘫痪。它那模样像是得了坏血病和坏疽，因病入膏肓而变得奇形怪状……每条长足下有并列的两排脓疱，渐次缩小……这些脓疱就是吸盘。吸盘是管状的角质软骨，呈青灰色……章鱼是个虚伪之徒，当你没有防备的时候，它突然张开变大。一团有意志的胶体，有什么比它更可怕的！它是一个仇恨的陷阱！[28]

图 3-13　版画中的巨型鱿鱼
注：1877 年，一条巨型鱿鱼被冲上了纽芬兰的特里尼蒂湾。此版画根据该事件所作，登载在 1877 年 10 月出版的《加拿大新闻画报》（Canadian Illustrated News）上。

不同于鱿鱼，章鱼是一种无骨的软体动物，没有固定的形状或颜色，它能够穿过最细小的缝隙，摆脱和避开所遇到的任何障碍。世界上最大的章鱼，即北太平洋巨型章鱼，其臂展为 5 米，却也能从 2 厘米的缝隙中钻过去，这就是人类很难圈养章鱼的原因。章鱼在海里遇到潜水员时，通常会好奇地用触角与他们打招呼，有时甚至会与他们握手。因为章鱼这个握手的习性，亚里士多德在《动物志》

一书中称章鱼为"愚蠢的生物"，这一习性也使章鱼成为历史上最容易捕获的海洋生物之一。但事实上，这种三心八臂的软体动物非常聪明。章鱼是伪装大师，能够随意改变自己的肤色，它们可以将自己伪装到近乎隐形来防御海豹、海獭、鲨鱼和鲸鱼等各种常见的捕食者的攻击，还可以喷出大量墨汁和黏液为自己快速逃跑提供掩护。尤其令人印象深刻的是章鱼可以伪装成海底岩石，然后以接近海水流动的速度在开阔的海底缓慢移动，这样一来，即便是在捕食者的眼皮底下，它们也能自由来去。

octopus（章鱼）意为八足，这个词最早出现在博物学家纪尧姆·朗德勒（Guillaume Rondelet）于 1554 年出版的著作《海里的鱼》（*Libri de Piscibus Marinus*）中；在这本书中，纪尧姆为普通章鱼取了另外一个学名 *Polypus Octopus*。后来瑞典植物学家卡尔·林奈在 1758 年出版的生物分类学奠基著作《自然系统》第 10 版中，用 *Octopus* 指称章鱼属，用 *Octopodia*（后改为 *Octopoda*）指称有 8 个吸盘触角的头足类软体动物目。林奈将章鱼描述为一种奇异又独特的怪物，一种既令人着迷又令人厌恶的生物，它像鱼又像爬行动物。维克多·雨果在一个世纪后这样描述道："它是软乎乎的一团，除了一张皮，里面什么也没有。它的八条长足可以从里边往外翻，就像手套的空指头。"[29]

鲸鱼

1989 年，马萨诸塞州伍兹霍尔海洋研究所的科学家探测到了一头迁徙的鲸鱼的发出的声波，其频率高达 52 赫兹，此前人们还未曾探测到其他迁徙鲸鱼发出的这种频率的声波。蓝鲸的声波频率在 10 到 39 赫兹之间，而大多数长须鲸的声波频率在 20 赫兹左右。多年来，随着这头神秘鲸鱼不断成长成熟，它的声波频率降到 49 赫兹左右，除此之外，它还会发出一种独特的高音声波。每年 8 至 12 月，人们都能在太平洋中探测到它的踪迹，北至阿留申群岛和科迪亚克群岛，南至加利福尼亚海岸，它每天游动 30 到 70 千米。这头声波频率为 49 至 52 赫兹的鲸鱼被戏称为"世界上最孤独的鲸鱼"，至少在 30 年里，它一直在太平洋上游荡，徒劳地以其他鲸鱼听不到的频率呼唤伙伴。

这个故事令人伤感，但公众对这头孤独鲸鱼所处的困境表示了高度关注，这表明人类对这种生物的态度发生了很大的转变。20 世纪 60 年代，人类仍在大量捕杀鲸鱼，其中就包括有史以来最大的动物——蓝鲸。在国际捕鲸委员会（International Whaling Commission）于 1966 年禁止捕杀蓝鲸之前，蓝鲸已濒临灭绝。捕鲸仍是个敏感话题，虽然商业捕鲸在 1986 年已被全面禁止，但加拿大、冰岛、日本、挪威、俄罗斯、韩国、美国以及丹麦等少数几个国家仍允许捕鲸。目前，据说每年有 1 500 多头鲸鱼被捕杀，用于烹饪和科学研究，实际上，这个数字可能更高。在 1986 年捕鲸禁令出台后出版的俄罗斯捕鲸检查员的回忆录中记载，1959 年到 1961 年，苏联捕鲸船队在南大洋捕杀了至少 2.5 万头座头鲸，而报告的捕获量只有 2 710 头，而且国际捕鲸委员会官方公布的日本捕鲸量的数字很可能也被低估了。[30]

沿海地区的人们一直在利用鲸鱼，不管是捕获的还是被冲上岸的，而且北海①的一些群落曾以鲸鱼为食。乔治·麦凯·布朗（George Mackay Brown）在 1965 年创作的诗歌《鲸年》（*The Year of the Whale*）中描述了这样的景象：一群饥饿的奥克尼人靠帽贝和乌鸦熬过了冬天。他们在斯卡布拉岬②附近发现了一群鲸鱼，于是带着锄头和犁铧上了船，完全不顾海上"滚滚的雷声和黑夜"：

---

①北海是大西洋东北部边缘海，位于欧洲大陆的西北，即大不列颠岛、斯堪的纳维亚半岛、日德兰半岛和荷兰低地之间。——编者注
②斯卡布拉岬位于苏格兰的奥克尼群岛。——编者注

～～～～

　　然后鲸鱼一条接着一条，

　　在红斑岩石上踉跄而行，

　　而我们冬天的食橱塞满油和肉。[31]

～～～～

　　奥克尼人捕鲸的随意性表明，他们采取的是一种机会主义的捕鲸方式，与其他地方形成的系统捕鲸方式不同。人们采用系统捕鲸方式最先捕杀的是种群庞大的北大西洋露脊鲸（North Atlantic right whale），即真正的冰鲸，人们漠然地称其为 right whale（见图 3-14）。原因很简单，因为它是最适合（right）捕杀的鲸：它们行动缓慢、性情温顺，张着嘴在水面附近觅食，用鲸须板过滤磷虾。对于露脊鲸来说，不幸的是，因为脂肪含量很高，它们死后会漂浮在海面上，因而人们很容易将其从海里捕捞上来，这与沉重的蓝鲸和长须鲸不同。露脊鲸柔韧的鲸须板由角蛋白构成，在市场上被称为"鲸须"，因适用于生产制造紧身内衣、雨伞等一系列家用物品而备受青睐；而它们丰富的鲸脂可制成鲸油，在家用天然气供应之前的几年里，鲸油已证明是最便宜、最丰富的照明资源。到 18 世纪 40 年代，仅伦敦就有 5 000 盏以鲸油为燃料的路灯，随着新技术的兴起，使用鲸油制造的产品扩增到机油、肥皂和人造黄油等。此外，抹香鲸会分泌一种叫作龙涎香或鲸鱼琥珀的蜡状物质，这种物质是香水行业的一种重要原料。赫尔曼·梅尔维尔的《白鲸》一书中有一章专门讲述寻找龙涎香的故事，具有讽刺意味的是："高贵的女士们和先生们竟然用从病鲸肮脏的内脏中找到的龙涎香来取悦自己！"[32]

　　船只成群结队地涌向北部海域追捕鲸鱼，到 18 世纪 80 年代末，大约有 250 艘英国捕鲸船在北极捕鲸，挪威已成为世界捕鲸业的中心。1863 年现代鱼叉枪问世，鱼叉枪运用的是蒸汽动力和易爆枪尖，枪尖引爆时能产生致命的冲击力，捕鲸业由此被改变。新型的鱼叉枪使捕鲸者从捕猎露脊鲸错误地转向了捕猎蓝鲸和长须鲸，蓝鲸和长须鲸游动速度更快，被杀死后会下沉，因此，当北部海域的露脊鲸被猎杀到灭绝的地步时，蓝鲸和长须鲸仍没有受到影响。可当新型捕猎阶段开始后，长须鲸的数量迅速下降，降到了与现在几近灭绝的露脊鲸的数量相当的水平。在伊恩·麦圭尔（Ian McGuire）于 2016 年出版的，以 19 世纪 60 年代为背景的捕鲸小说《北海鲸梦》（*The North Water*）中，注定要沉没的船只的船长布朗利说道："20 年前，这一带水域里全是鲸。但为了逃离鱼叉，现在它们都去了北边。我们能责怪它们吗？当然，未来都是蒸汽船，我们只需要一条动力强大的蒸汽船，就能把它们追到世界的尽头。"[33]

图 3-14　在斯匹次卑尔根群岛附近冰冷的北极水域，一支荷兰捕鲸船队正在接近一头北极露脊鲸

注：北极露脊鲸，也称格陵兰露脊鲸，是早期北极捕鲸船队的目标，尽管 1966 年颁布了捕鲸禁令，但北极露脊鲸仍在濒危物种名单上。这张图是亚伯拉罕·斯托克（Abraham Storck）于 1690 年所作的油画。

　　布朗利说得对。鲸可能既聪明又有文化，它们能够传递风险信息，但它们仍不是爆炸性鱼叉的对手。只有在鲸鱼数量丰富的地方，捕鲸才有经济意义，因此，捕鲸活动向南转移，移向了南极。挪威和苏格兰的船只冒险进入南大洋，他们报告称，有数十万蓝鲸、长须鲸和座头鲸在南极辐合带繁衍生息。南极辐合带是相对温暖的大西洋海水与寒冷的南极海水交汇的地方，两种水体交汇引起的湍流和上升流会搅起海底的营养物质，这些物质供养着数量惊人的海洋生物，其中既有栖息于海水表层的磷虾，又有大量的鲸鱼。南乔治亚岛很快就取代了挪威，成为捕鲸业的中心。捕鲸船每年捕获数千头鲸鱼，其中大部分是座头鲸和南露脊鲸。

事实证明，鲸鱼警惕性差，好奇心重，它们甚至会径直游向捕鲸船。鲸鱼数量众多，使得捕鲸者通常只获取鲸鱼的鲸脂，然后让鲸鱼的尸体沉入海底，那时鲸骨已不再流行，人们也不再需要鲸骨了。

　　到 1914 年，北部水域鲸鱼数量骤减的一幕显然正在南部水域重演。于是，英国政府成立了一个调查委员会，派遣欧内斯特·沙克尔顿（Ernest Shackleton）前往南乔治亚岛作调查并撰写相关调查报告，但欧洲战争爆发，导致用于生产硝化甘油的鲸油的需求再度激增，新近颁布的捕鲸限令也因此取消了。第一次世界大战后的几年里，人们对鲸油的需求进一步增加，鲸油成为其他动物脂肪的廉价替代品，被用于烹饪和肥皂生产，而且鲸鱼的巨型骨架可用于提取骨粉肥料。但如今，令人毛骨悚然且极具讽刺意味的是，鲸鱼如今正是被装有硝化甘油的爆炸性鱼叉杀死的，而硝化甘油是用鲸脂制成的。总部位于爱丁堡的英国克里斯坦·萨尔维森捕鲸公司（Christian Salvesen）是当时南乔治亚岛上最大的商业公司，该公司在 1925 年的产值达到了峰值，1.6 万吨的鲸油被运回英国，按如今的市值计算的话，其利润超过 3 000 万英镑。

那时，捕鲸过程已实现了工业化规模：一头 90 吨重的鲸鱼可以在 20 分钟内被剥皮宰杀；1926 年，地球上有史以来最大的动物——一头 33 米长、几十岁高龄的蓝鲸，在不到一个小时的时间里就被宰杀，并被拖上平台进行了肢解（图 3–15）。伦敦殖民部（Colonial Office）虽然对南极捕鲸热潮带来的税收收入表示欢迎，但他们也认识到，事实证明，工业化捕鲸效率过高，导致南大洋的鲸鱼数量正在迅速减少。

图 3–15　肢解鲸鱼木版画

注：该画出自安德烈·特维（André Thevet）于 1575 年创作的《普通宇宙志》（*Cosmographie Universelle*），直观展现出将鲸鱼尸体剥皮是多么复杂而血腥的工作。

20世纪50年代，随着人们在烹饪和肥皂生产中引入了更便宜的植物油，鲸油价格暴跌，于是英国萨尔维森捕鲸公司将其捕鲸配额卖给了日本人，结束了英国在南极海域长达半个世纪的捕鲸活动。在这半个世纪中，超过150万头鲸鱼被捕杀，全球范围内鲸鱼濒临灭绝。

20世纪60年代颁布的捕鲸禁令说明，人们对这些引人注目的海洋哺乳动物的理解和尊重日益加深，人们的环保意识也在不断增强。和人类一样，鲸鱼也会唱歌，或者更确切地说，它们会发声：雄性座头鲸会创作自己的乐曲与雌性交流，而抹香鲸的头部拥有自然界最大的发声器官，重达11吨。据测量，抹香鲸发出的声音高达230分贝，可以在水中长距离传播，而在水中的声速大约是空气中的4倍。

鲸鱼的行为常常十分有趣。例如，潜水的抹香鲸会捕食鱿鱼和章鱼，并在下潜过程中抓住它们的一两根触角，然后拖入海底碾压致死。在海底，鲸鱼可能会将身体上下颠倒过来倒着游动，这样可以查看上方的水面，寻找上方微弱光线映衬下的猎物，抹香鲸还会利用声呐识别鱼群或鱿鱼，然后再游过去进行捕捉。相比之下，蓝鲸等须鲸，几乎只以磷虾为食，磷虾是一种多产的虾状甲壳动物，体长不到6厘米。一头蓝鲸通过大量吞食富含磷虾的海水，每天可以吞进4吨多的磷虾，然后通过鲸须板过滤掉海水，留下营养丰富的食物。虽然鲸鱼的胃口很大，但它们有助于维持海洋生物的多样性，因为它们在深海进食，在海面排泄，这样可使海洋中的营养物质得以循环，这种现象被称为"鲸鱼泵"。[34] 鲸鱼死后，尸体沉到海底，作为营养物质回到海洋生态系统。

南大洋是地球上最富饶的海域之一。它强大的洋流将深水中的营养物质搅起，创造了生物最丰富的海洋觅食地，其中的生物主要为南极磷虾，南极磷虾数量庞大，估计有400万亿只，其总重量超过地球上其他大多数动物物种。[35] 磷虾是南大洋中几乎所有生物赖以生存的关键食物。因为磷虾是地球上蛋白质的主要来源之一，鲸鱼、企鹅、海鸟、鱿鱼、海豹和鱼类等都直接以这种小型甲壳动物为食。但近几十年来，磷虾的数量急剧下降，而且因海水温度上升，它们也向两极迁移。冬季，磷虾会迁移到深水区，海冰在深水区上方蔓延开来，将大量藻类困在冰层下。春季，海冰融化，藻类大量繁殖，新孵化的磷虾就以这些藻类为食，而其他生物也会以磷虾为食。

但如今，海冰融化的时间比以往任何时候都要早，如果幼虾提早觅食，它们就会处于新陈代谢缓慢的状态，摄食效率低下，结果导致磷虾还未饱腹，冰层下的藻类便已死亡并沉入海底了。当相互作用的物种以不同的速度改变其原先长期固定的生命周期时，就会发生这种物候不匹配，也称为营养不同步的现象，这种现象可能导致灾难性的后果。人们在北极和南极都观察到了气候变化对磷虾的影响，特别是磷虾幼体数量的减少。2019 年研究人员发表的一篇研究论文得出的结论是，如果磷虾的分布趋势继续这样发展下去的话，从海鸟到鲸鱼，每一个以磷虾为食的物种都会面临数量锐减的问题，这会给这些物种带来严重的危害。[36]

另外，商业捕鱼机构也会对磷虾的数量产生影响，每年捕捞约 20 万吨磷虾，主要用于制作鱼食和鱼饵，还用于生产富含 Omega-3 的健康产品，而且这一生产市场在全球范围内不断扩大，这给磷虾种群的发展带来了更大的压力。海狗和马可罗尼企鹅等南大洋的某些物种已经察觉到，它们很难获取足够的磷虾来维持自己的种群数量，南乔治亚岛和其他地方的海豹研究人员记录的新生海豹体重有所下降就证明了这一点。

自 20 世纪 70 年代以来，成年磷虾的数量减少了近 80%。这一统计数据令人震惊，应登载在头条新闻上。尽管与许多其他环境危机相比，迫在眉睫的磷虾危机可能不那么为人所熟悉，也不那么令人警醒，但它使大量海洋物种的未来处于真正的危险之中。随着极地气温持续上升，这种不起眼的甲壳类动物的命运可能会成为决定未来海洋生物生存发展方向的主要因素之一。

章末总结

海洋生物

从海岸线附近到海底深处，海洋里生活着极为丰富的物种，而人类对其中的大部分物种一无所知。大多数海洋生物生活在被称为"暮光区"的海洋中层带，而当夜幕来临，海洋中数百万吨的生物会游到被称为"阳光区"的海洋表层带觅食，这一过程是地球上规模最大的生物迁徙。海洋生物以自身的方式适应了海洋环境，它们能够承受海底的气压，有些海洋生物甚至能够发光，以此来应对漆黑一片的深海。但是海洋环境污染、过度捕捞等人类活动无疑在威胁着所有海洋生物的生存。

4

Exploration

海上航行

任何一片海洋，人类都无法控制，穿越海洋更是一种鲁莽的行为。

W. H. 奥登，1950

《迷人的洪水》

The Enchafèd Flood

　　位于英国格林尼治的国家海事博物馆（National Maritime Museum）有一件格外引人注目的展品，它是个看似很不结实的木条网格，上面装饰着一些贝壳，仔细观察后你会发现，它以复杂的视觉效果展现了西太平洋马绍尔群岛周围海域出现的海浪和洋流。

　　在这个古老的木条海图中，贝壳代表着各个岛屿，而岛屿周围的海浪和海流则由不同的木条图案来表示（见图 4-1）。弯曲的木条表示海浪与岛屿相遇时发生的偏转，短而直的木条表示陆地附近的洋流，而较长的木条表示航行线路。这种易损物件是密克罗尼西亚独有的，而且人们似乎只把它们用作岸上的助记工具，而不是航海时使用的海图；但它们表明，西太平洋的航海者对陆地和海水之间复杂的相互作用已经有了非常专业的理解，正是这种理解使得他们成为杰出的航海家。[1]

　　早期航海者史诗般的海上航行仍是人类历史上最伟大的航海壮举。5 万多年前，冰河时代东南亚猎人的后裔首次开启了独木舟之旅，他们越过西南太平洋，定居在新几内亚、澳大利亚和俾斯麦海的岛屿上。这些隔海相望的巨大岛屿连接了亚洲大陆至近大洋洲（Near Oceania）[①]的所罗门群岛，形成了一条航行走廊，而海上西北季风和东南信风的交替，使得航船可以通过这条航线定期往返。人类定居太平洋地区的第一阶段大约于 2.5 万年前结束了，那时，人类航海的激情似乎已经减弱了许多；直到公元前 3000 年左右，考古学家称为"拉皮塔文化"的新的航海文明诞生，拉皮塔人不断发展航海技能，从一个岛屿到另一个岛屿，不断向远航行，向东远至与波利尼西亚临近的斐济。在此后的几个世纪里，对太平洋岛屿的探索和在岛屿上定居的第二阶段似乎停滞了；但在公元 900 年左右，海上长途航行又再次活跃起来，并且在短短两百年内，早期拉皮塔人的后裔就迁徙到了斐济以东 3 000 多千米的波利尼西亚的库克群岛和社会群岛。大约在公元 1100 年，波利尼西亚人乘坐双壳独木舟向西南航行，在 13 世纪到达了遥远的奥特亚罗瓦，即新西兰。有些人甚至可能航行得更远，到达了南美洲的太平洋海岸，这比麦哲伦和库克船长等欧洲航海家乘坐设备齐全的大帆船和运煤船到达波利尼西亚中心还要早几个世纪。

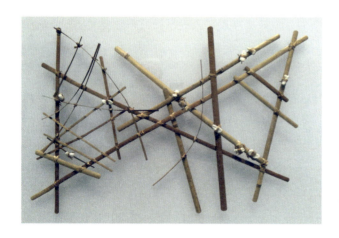

图 4-1　密克罗尼西亚的木条海图

注：木条上面的贝壳代表着各个岛屿，木条的图案表示岛屿周围的海浪。

①太平洋地区可分为近大洋洲和远大洋洲，近大洋洲包括巴布亚新几内亚、俾斯麦群岛和所罗门群岛。有研究发现人类走出非洲后，约 4.5 万年前在近大洋洲定居。——编者注

对于这些早期的航海者来说，大洋洲的海域极具挑战性。他们不仅要面对看不到陆地的辽阔深海，而且还得在未知的岛屿之间航行数百有时甚至数千千米。这些先驱者为什么会乘坐圆木、木筏和独木舟之类极易倾覆的航行工具出海？**是为了获取食物或土地？是因为战争或领土冲突？又或是想通过贸易和物品交换获得声望？还是如人类学家布莱恩·费根（Brian Fagan）所说，仅仅是对蓝色地平线之外的事物感到不安和好奇？** [2]

太平洋早期航海者的航行技术同样饱受争议，人们时不时会对波利尼西亚航海故事的核心，即史诗般航海故事的历史准确性产生怀疑。例如，新西兰历史学家安德鲁·夏普（Andrew Sharp）在 20 世纪 50 年代的著作中指出，即便双向航行都是经过精密筹划的，若没有仪器的辅助人们也不可能跨越如此遥远的距离；他还指出，像复活节岛和新西兰这些更偏远的太平洋岛屿定居点，一定是无意返回家园的单向漂流者偶然发现的。[3] 夏普还对岛上居民独木舟的适航性提出了质疑，他认为大多数独木舟都过于笨重，无法准确地迎风行驶。然而，将太平洋岛屿看作由一系列被巨大的蓝色水体隔开的小岛组成的，只是西方人早先的构想，后来他们对这一海域有了更全面的认识，开始将其看作大型交流社区联合起来的居住地。戴维·刘易斯等人类学家后期的研究支持后一种观点，他利用当地海员采用的重构技术，证明了传统的导航方法与现代导航方法一样准确。他在太平洋航海者的指引下，在太平洋海域航行了 2 万多千米，据他所说，这些熟练的航海者遵循太阳指引的星轨路线来航行，他们也会像如今的水手一样进行航位推算，并利用代代相传的歌曲和故事中关于洋流、鸟类飞行路线、鲸鱼游行路径及风向的丰富航海知识来辅助自己航行。

当然，这些传承已久的技术只有在航海者知道自己所处的位置和航行方向的情况下才能发挥作用。如果他们探索的是一片未知海域，或者风暴使他们偏离了航线，他们就会转而采用其他方法，比如观察军舰鸟的飞行情况，或者积云的分布——积云往往会以 V 字形向岛屿倾斜，或者当其他云飘过水域上方时定格在岛屿上空。因此，在毛利语中新西兰被称为 Aotearoa，意为白云生长的地方。

但最受波利尼西亚和密克罗尼西亚航海者青睐的航海方式是利用涌浪航行。涌浪是从风浪生成区传播出来的波浪，即使涌浪因当地气流变平和扭曲，太平洋航海者仍可以解读它们，这些航海者通过感知独木舟下的波浪来航行。戴维·刘易斯描述了马绍尔群岛的年轻航海者被带到海上接受训练，并按照指示平躺在海面上的过程：

> 这些年长的船长会先带年轻人出海。他们待在船上，但会让年轻人仰面躺在海面上，并告诉他们要放松，保持漂浮的状态，这样他们就能体会到海浪袭来时的感觉了。[4]

马绍尔群岛年长的航海者就是这样通过身体与大海保持紧密的联系，他们常常俯卧在独木舟上，将耳朵贴在船板上长达数分钟，然后向舵手发出航行方向的指令，而其他人则小心翼翼地站着，在保持身体平衡的同时感知涌浪，他们通过身体在垂直方向发生的微妙变化来感受涌浪的影响。[5]刘易斯回忆了这样一个故事：一位名叫伊奥蒂巴塔的吉尔伯特群岛航海者，在海上吹了一个月的西风后，被一场西北风引起的风暴吹离了航线，但他仍能通过自己的身体觉察到潜在的东方涌浪，这股涌浪正在席卷而来，任何陆地都无法阻挡。而且无论此时此地风向如何，即便是暴风，这股涌浪依然会从东方袭来。[6]

海洋形成涌浪的机制非常复杂，但经过多年的训练，人们最终还是可以对其了如指掌。当涌浪遇到礁石或岛屿时，部分涌浪会被直接反射，形成长度较短的反射波；而部分涌浪会被折射，偏离碰撞海岸的地方，形成湍急的横流，同时发生偏转。如果岛屿使得传播中的涌浪偏转，敏感的航海者即使在很远的地方也能感觉到。密克罗尼西亚木条海图就是用来记录这些干扰模式的，其中有些海图，如所谓的"雷布里海图"（rebbilib chart），标示了已知的航线和涌浪形成的洋流；

而其他海图，如"玛唐海图"（mattang chart），则说明了更普遍的海浪干扰原理，如随着海水深度减少，涌浪变陡，这预示着船只正在接近陆地。这些海图是航海者了解陌生海域的关键。

随着时间的推移，早期的太平洋航海者利用这些手段，航行到了广袤的大洋洲海域的每个岛屿，其中有些岛屿是地球上最偏远的宜居岛屿。他们唯一的航行工具就是带有爪形帆的双壳长独木舟，以及数百年来对涌浪和海洋环流的深入了解。

帝国之旅

随着太平洋航海者迁徙到大洋洲的岛屿上定居，西部贸易航线也开始在地中海和其他地区建立起来。到公元前 1800 年，米诺斯人掌控着青铜器时代的海上帝国，帝国的基地位于克里特岛，他们在那里进行橄榄油、谷物、葡萄酒和其他商品的交易，同时也进行思想交流，由此地中海东部沿海地区产生了世界上第一个商业文明。米诺斯人的统治一直持续到大约公元前 1450 年——一场灾难性的火山爆发终结了米诺斯文明，于是邻近的腓尼基人取而代之，他们通过航海建立了强大的贸易文明，成为拥有航海新技术的海上霸主，或者说成立了海上帝国。

贸易是一个双向的过程，海上贸易也需要双向的海风助力，用科学家莱尔·沃森（Lyall Watson）的话来说："或者至少船只是足够灵活机动的，这样使海风看起来像是双向的。"[7] 当其他地中海国家的长形礼舫发展成了笨重的大帆船或三层划桨战船时，腓尼基人开发了可以沿着海岸线迎风航行的更实用的小型商船（见图 4-2）。到公元前 1200 年，叙利亚海岸到处是腓尼基人所建的城市，这些城市与塞浦路斯、希腊大陆、西西里岛和西班牙通过定期航线连接起来；在几个世纪的时间里，腓尼基人沿着北非海岸不断航行，他们穿过直布罗陀海峡，进入大西洋，然后环绕非洲大陆航行。希罗多德这样描述这段史诗般的旅程："一支由腓尼基船员率领的舰队，奉命向西航行，他们经直布罗陀海峡返回埃及和地中海。"[8]

图 4-2　乘风破浪的腓尼基商船

注：这是位于黎巴嫩西顿的一座 2 世纪石棺上的雕刻。

　　腓尼基人后来也进入了印度洋，但他们并不是第一批进入印度洋的航海者。挪威民族志学家索尔·海尔达尔（Thor Heyerdahl）指出，在已知最早的苏美尔文字中，"船"的象形文字符号与古埃及"海洋"的表意符号完全相同，两者的轮廓都是镰刀形芦苇船，船头和船尾都很高。海尔达尔认为，这种设计与平底河船毫无相似之处，显然是为了适应尼罗河河口外的海浪。[9]他接着引用公元前 2 世纪初亚历山大图书馆馆长、博学多才的埃拉托色尼（Eratosthenes）的表述，证明在季风区风向和水流方向季节性逆转的帮助下，埃及商人已经能够往返于印度和埃及。埃拉托色尼曾这样表述道："纸莎草船使用的帆和索具与尼罗河上航行的船只的帆和索具相同，它们先航行到锡兰（今斯里兰卡），然后继续航行到恒河河口。"[10]

从史前时代起航海者就知道，赤道信风（trade wind）[1] 可以很好地助力横穿印度洋的单向航程，而航船的返航依赖于季风。季风是一种可靠的反信风，为双向商业航行创造了条件，从而使印度洋这一地区富足起来，现在仍然如此：

> 每年 11 月至次年 3 月间，单桅帆船船队从波斯湾、巴基斯坦和印度出发，驶向摩加迪沙、拉穆、蒙巴萨和达累斯萨拉姆，它们运载着非洲集市上售卖的香料、地毯和咸鱼，顺风飞驶到科摩罗和马达加斯加。4 月，航海者休息、睡觉、修补船帆，等待着北方春天的到来，等待着亚洲回暖，等待着东南信风再次从南印度洋吹起。[11]

到了 5 月和 6 月，温暖的季风会到达亚洲南部，而满载木炭和谷物的单桅帆船也会按照青铜器时代就已约定俗成的返航时间，乘风破浪、逆行返航。后来的欧洲商人了解了季风的作用后，东西方之间的海运航行就大幅增加了。到公元 41 年克劳狄乌斯成为罗马皇帝时，罗马与印度的海上贸易蓬勃发展起来。

公元 60 年左右，《厄立特里亚海航行记》（*Periplus of the Erythraean Sea*）[2] 问世了，这是一本关于印度洋沿岸的综合指南，这本指南以 66 个生动的章节详细描述了从埃及到印度的港口、锚地、市场、潮汐和航行路线，显然是一位对这两个地区了如指掌且经验丰富的旅行者所作。根据书中关于巴巴里贡[3] 的详细介绍，我们可以看出这本指南的风格：

---

①赤道信风的名称并非源自商业贸易，而是来自晚期中古英语中表示路径（path）或轨道（track）的单词。

②厄立特里亚海在英文中译为 Red Sea（红海），希腊人用它来指代印度洋和波斯湾。

③巴巴里贡为今巴基斯坦卡拉奇市附近的一个贸易港口。

船只停泊在巴巴里贡，但船上所有的货物都通过河流运到了大都市，交给了国王。进口到这个市场的商品有：大量质地轻薄的衣服和少量赝品、提花亚麻布、黄玉、珊瑚、苏合香、乳香、玻璃器皿、金银盘，还有些葡萄酒。另外，由此出口的商品有：闭鞘姜、芳香树胶、枸杞、甘松香、绿松石、青金石、中国兽皮、棉布、丝纱和靛青染料。大约在埃及历法的 7 月，水手们乘着印度季风启程前往巴巴里贡：虽然那时航行更危险，但水手们可以利用季风，更直接、更快地到达目的地。[12]

为了扩大印度洋贸易，人们不断投资建造更大、更适航的船只，这也推动了地中海航运的发展。公元 2 世纪泰米尔人的诗歌中曾提道："耶婆那① 精美的大船满载着黄金，航行在泛着白色泡沫的海水中"；而叙利亚讽刺作家琉善在他的《航行记》（Navigium）中这样描述巨大的商船："长约 54 米，宽约 14 米，深约 13 米，船上的船员就像一支军队，乘客男女都有，装载的玉米足够阿提卡② 一年的消耗量"，据说这艘商船每年为船主带来颇为可观的利润。[13] 海上贸易虽然很危险，却是一条通往巨额财富的捷径。老普林尼曾在《自然史》中写道："**还有什么比大海更难驾驭的呢？海上有狂风、龙卷风，还有风暴。然而，在大自然的杰作中，还有什么比人类发明的船帆和船桨更能体现人类聪明才智的呢？**"[14]

然而，随着罗马帝国的灭亡，欧洲与亚洲的联系逐渐减少，直到 15 世纪后期，在达·伽马的指挥下，船队有史以来首次直接从欧洲经大西洋航行到印度（见图 4-3），欧洲与亚洲的联系才再次恢复，但这已是腓尼基航海家绕非洲海岸航行 2 000 多年后的事了。

---

① 即希腊。
② 阿提卡是希腊首都雅典所在的区域。——编者注

1492 年，哥伦布虽发现了所谓的美洲，却未能成功找到通往印度的西部海上航线，最终是达·伽马发现了印度航线，当时他绕过非洲进入印度洋，于 1498 年 5 月在印度卡利卡特市登陆。这次远征付出了沉重的代价，损失了两艘船和一半以上的船员，而且未能完成与卡利卡特签订商业条约的主要任务。尽管如此，剩余船只带回的少量香料和其他贸易货物表明，未来的贸易会带来利润。在达·伽马远征的几年里，葡萄牙采取军事行动，占领了果阿（1510 年）、马六甲（1511 年）以及霍尔木兹（1515 年）的战略港口，由此建立了海上贸易帝国。于是，印度洋和波斯湾和中国南海海域重要的海上航线和贸易网络很快就被葡萄牙王室控制，而且葡萄牙王室凭借在国家资助下发展的航海科学技术，特别是制图学领域的技术，重建了以海洋控制为基础的帝国模式。

图 4-3　达·伽马登陆印度

注：19 世纪晚期欧内斯托·卡萨诺瓦（Ernesto Casanova）的一幅画作，画中描绘的是葡萄牙探险家达·伽马于 1498 年 5 月 20 日在印度卡利卡特登陆的场景。这是有史以来人类首次直接从欧洲经大西洋到达印度。

麦哲伦于 1519 年至 1522 年的远征，使葡萄牙航海进入了所谓的黄金时代，这也是人类首次环球航行，但这次伟大的航行实际上是由西班牙国王查理一世而不是葡萄牙君主曼努埃尔一世委托进行的。曼努埃尔一世拒绝了麦哲伦提出的资助他避开非洲南端，西行前往摩鹿加群岛探险的请求（摩鹿加群岛即传说中的印度尼西亚"香料群岛"）。在西班牙国王的祝福下，麦哲伦率领由 5 艘海船组成的摩鹿加舰队向西南方向航行，他们穿过大西洋前往巴塔哥尼亚海岸。尽管航行中遭遇了一系列风暴，还经历了叛乱，但这些船只最终还是成功通过了现在被称为麦哲伦海峡的水域，进入了被麦哲伦称为 peaceful sea 的水域，"太平洋"（the Pacific Ocean）也由此得名。这支远征探险队继续缓慢西行，到达了菲律宾群岛，1521 年 4 月，麦哲伦在一场战斗中阵亡于此。7 个月后，剩余的两艘海船在西班牙航海家胡安·塞巴斯蒂安·埃尔卡诺（Juan Sebastián Elcano）的指挥下抵达了摩鹿加群岛。他们通过这次航行达成了预期目标，确定了一条通往摩鹿加群岛的西部贸易新路线，因为东部路线已经被葡萄牙人控制。但这条新航线的商业价值并不大，因为事实证明，穿越太平洋比任何欧洲人所预期的时间都要漫长，也艰难得多。麦哲伦原本还打算先短途航行到摩鹿加群岛，然后经熟悉的水域，长途航行，安全回家——他可能并不了解太平洋真正有多大，太平洋的面积占地球表面的 1/3，比地球上所有陆地加起来都要大。[15] 如果说麦哲伦的航行证明了什么的话，那就是他在英年早逝前几个月命名的海洋——太平洋的面积之大令人难以置信。1522 年 9 月，麦哲伦的舰队中唯一幸存的一艘船维多利亚号（Victoria）经印度洋返回西班牙，成为历史上第一艘成功完成环球航行的船只。

作家乔纳森·拉班认为，正是 1 000 多年前指南针的发明，才使人类狂妄地认为可以直线航行穿越大海。"曾几何时，"他写道，"人们通过观察海面、海水的形状和颜色来穿越大海。"但在后甲板上安放指南针之后，一切都改变了：

> 舵手的注意力全部转移了，从关注大海本身转而关注自己鼻子底下大约 45 厘米的仪器了。突然间，他不再需要凭直觉去理解海浪的意义了；他成了一名工作人员，工作内容就是使船与标着 N 的滚动磁性指针的角度保持不变。[16]

中世纪的波特兰海图（portolan chart）标示的就是直线航行路线，其标示方式是用标尺在平坦的牛皮纸面上绘制恒向线（见图 4-4）。但习惯于依靠潮汐和洋流航行的航海者知道，如果在二维空间中准确绘制这些航线，它们看起来会非常曲折。波特兰海图以意大利早期的舵手日志或航海指南命名，是在 12 世纪初指南针发明后不久问世的。

图 4-4　波特兰海图

注：该海图可能绘制于 14 世纪中叶的热那亚，其涵盖了从巴利阿里群岛到黎凡特海岸的地中海地区，是美国国会图书馆最古老的文物级地图。

　　波特兰海图描绘的主要是地中海和黑海地区的航线，有些也包括大西洋，甚至包括较远的爱尔兰和非洲西海岸。在随后的几个世纪里，随着海上贸易的繁盛，人们对海图的需求也在不断增长。热那亚、威尼斯、马略卡岛和巴塞罗那等欧洲贸易港口也开始开展合作，共享从返航海员那里收集到的海事和沿海信息。波特兰海图经反复修订和指南针的重复验证，其可靠性很快超越了所有早期的海图。但是波特兰海图是基于经度等于纬度的假设而绘制的，在绘制海图时，这一假设对地中海或赤道地区的航线几乎不会产生影响，但对偏南或偏北的区域，航线便会产生严重的偏差。在赤道，1 经度约为 111 千米，大致相当于 1 纬度，也就是 110 千米；但在高纬度地区，例如北纬 80 度左右的格陵兰海，1 经度缩小到 19 千米左右。由于立体的地球被绘制在平面图上会产生扁平化效应，船只经常迷路。早期的太平洋航海者在航行时没有指南针导航，因而他们比后来使用指南针和象限仪导航的航海者更了解航路，后者由于航海技术的发展而丧失了与海洋自古以来的亲密关系。更糟糕的是，正如格林维尔·柯林斯的《英国沿海航行指南》中所指出的，指南针和象限仪在海上长期使用后会变得迟钝，罗盘上的金属针很容易磨损变钝，于是"罗盘不能快速移动"；他建议在每次远航前，"用磨石或细磨石小心准确地打磨罗盘"，但目前尚不清楚有多少船只的指挥官听从了他的建议。[17]

约瑟夫·康拉德于 1902 年发表的中篇小说《台风》（*Typhoon*）[①]，有力地说明了一味依赖指南针导航的弊端。在这篇小说中，固执的船长托马斯·麦克惠尔不愿偏离他预定的航线哪怕一度，他驾驶着南山号直接冲入了南海气旋中。暴风雨来临前，大副朱克斯催促麦克惠尔将轮船向东转，以应对台风来临前的危险横浪：

> "头冲着东？"他说，挣扎着坐起身来，"这离它的航路不止差四点呢。"
>
> "是的，先生。五十度……只是把它掉个头绕点儿远，好对付眼下……"
>
> 麦克惠尔船长现在坐直了。他并没有扔下手里的书，他也没有忘掉他的身份。
>
> "冲着东？"他重复说，渐渐恍悟似的讶然了，"冲着……你认为我们是往哪儿去呢？你要我将一艘开足马力的轮船调换方向，同它的航路相差四点！……假使我并不认识你，朱克斯，我会以为你是喝醉了酒哩。走差了四点……往后又怎么办呢？大概再朝相反方向调过四点去，我猜想，才能驶回原定的航路。你脑子里哪来的这念头，要叫我把一艘轮船当帆船似的调东调西？"[18]

[①]引自康拉德所著《康拉德海洋小说》的内容出自薛诗绮、袁家骅、裘小龙合译本，上海文艺出版社，2012。——译者注

康拉德笔下的船长是利用现代技术但又脱离自然的航海者的缩影，他将船视为一件商品，只想坚定地以直线航线穿越海洋。正如乔纳森·拉班所言："康拉德在小说中创设的旋风，吞噬了愚蠢的船长和他的船员，也是海洋对汽轮机的狂妄与海图上刻画的航线的报复。"[19]对拉班来说，真正了解海洋的唯一方法是直接解读海洋的运动，观察涌浪和洋流，并据此航行，就像美拉尼西亚的圣克鲁斯岛民一样，他们辨别并命名了一系列太平洋涌浪：东南信风产生的长涌浪为 hoahualoa；西北季风产生的涌浪为 hoahuadelahu；东北信风产生的远处回波为 hoahuadelatai，即海浪。[20]这是人们基于对海洋的密切观察，以一种极富表现力的语言编纂总结的海洋知识，这种知识的传播和发展一直受到学者和作家的广泛关注。

海难

1609 年 6 月 2 日，一支由 7 艘船组成的补给船队从德文郡的普利茅斯启航，前往弗吉尼亚州的詹姆斯敦殖民地[①]。可能是遇到了飓风，船队在百慕大群岛附近失散了（见图 4-5）。在海上历经 3 天的连续重创后，300 吨级的旗舰海洋冒险号（Sea Venture），也是英国第一艘专门建造的移民船，开始进水了。指挥官、海军上将乔治·萨默斯爵士（George Somers）果断地将船驶向现在圣乔治岛的礁石上，船上 150 名乘客和船员全部安全登岛，但船只本身已然损坏，无法修复。

在接下来的 9 个月里，流落荒岛的人们用当地的雪松和从沉船上打捞出来的铁器和索具重新建造了两艘船：拯救号（Deliverance）和耐心号（Patience）。1610 年 5 月初，在海滩上建造的这两艘船启航，两周后，这两艘船载着所有的幸存者抵达了詹姆斯敦，但到达时已有少数人因疾病和饥饿死亡。作家兼冒险家

---

①詹姆斯敦是英国在北美的第一个殖民定居点。——编者注

图4-5　百慕大群岛盾形纹章上将要倾覆的船只

注：百慕大群岛的盾形纹章上刻有1591年法国船只爱德华·博纳文图拉号（Edward Bonaventura）沉没的场景。纹章上的座右铭"命运将我们带到何方"（Quo Fata Ferunt）源自维吉尔的《埃涅阿斯纪》第五卷。

威廉·斯特雷奇（William Strachey）将整个灾难性事件记录了下来，于1625年出版了《海难纪实》（*A True Repertory of the Wracke*），这部记述真实事件的书的手稿曾在弗吉尼亚公司[①]员工间流传，其中包括威廉·莎士比亚的朋友南安普顿伯爵。

如今，大多数研究莎士比亚的学者都认为，《海难纪实》是在1610年秋天被这位剧作家收入囊中的，当时他正在创作自己的最后一部戏剧《暴风雨》[②]，此剧于1611年首演。因为这两个文本之间存在很多相似之处，足以表明莎士比亚非常熟悉斯特雷奇对致使海上冒险失败的"最可怕的暴风雨"的描述。例如，斯特雷奇这样描述在百慕大遭遇海难的移民所吃的"乌龟"或是海龟："这样一种肉，既不能称之为鱼，也不能称之为肉"；与这一描述相对应的是，屈林鸠罗在问卡列班是"人还是鱼"时，普洛斯帕罗称卡列班为"你这只乌龟"。这两个文本中还有许多相对应的词语，例如，斯特雷奇的"吹向北方的狂风"与普洛斯帕罗的"北方的狂风"相对应。此外，斯特雷奇对圣埃尔莫之火[③]有以下描述：沿着主桅杆、令人震惊、伴随着闪闪发光的火焰流淌、在护桅索间弹射……；与之相对应的是《暴风雨》中缥缈的精灵爱丽儿对同一

---

①弗吉尼亚公司是英国政府在北美弗吉尼亚进行殖民地经营的公司。——编者注
②引自莎士比亚所著《暴风雨》的内容出自朱生豪译本，译林出版社，2018。——译者注
③一种雷电引起的天气现象。

事件恶作剧般的描述：

> 　　一会儿在船腰上，一会儿在甲板上，每一间船舱中我都煽起了恐慌。
> 有时我分身在各处放起火来，中桅上，帆桁上，斜桅上，都一一燃烧起
> 来；然后我再把各个身体合拢来。[21]

　　对莎士比亚来说，制造海难已被证明是一种久经考验的戏剧手法，通过这种
手法，戏剧中的人物可以被放逐到遥远的地方，然后在那里重新塑造自我。其
早期作品，如约创作于 1594 年的《错误的喜剧》和写于 1601 年至 1602 年的《第
十二夜》就是如此。在这两部戏剧中，海难是一种灾难性的力量，将主人公与家
人分开，因为这两部戏剧的主人公都是双胞胎，他们之间的分离暗示着个人被迫
放弃自身的某些部分。来自锡拉丘兹的安提福勒斯就是被迫分开的双胞胎之一，
他的命运推动了《错误的喜剧》的剧情发展：

> 我宛如这世间的一滴水，
> 在茫茫大海中寻觅另一滴水，
> 他，也在那里寻找着同伴，
> 充满着迷茫、好奇与困惑。

　　就像戏剧第一幕中出现的两滴海水一样，两个安提福勒斯，即这对双胞胎，
最终在最后一幕中再次相遇。与早期的大多数海难故事一样，这些戏剧借海难来
描写忍耐与希望，而不是单纯地描写灾难性事件。毕竟，海难是常事，鉴于大多
数船只一次次频繁出海，它们遭遇海难的可能性很大（见图 4-6）。但《海难纪实》
这样的海难故事表明，尽管船只失事后，航行本身以失败告终，但凭借船员的毅
力（见图 4-7）和船只的重建，海上危机会被化解，海上秩序最终会得到恢复。

图 4-6　海难中的沉船

注：此图是克努德·安德烈亚森·巴德（Knud Andreassen Baade）于 19 世纪 30 年代创作的油画《沉船》（*The Wreck*），画中展现了浪漫主义狂飙突进运动时期的风格。

图 4-7　从 1920 年苏格兰建造的三桅帆船加斯奈德号（Garthsnaid）的索具上看到的景象

注：图中的船员正在固定因恶劣天气从束帆索中脱落的前桅帆。

　　以风暴为主线的莎士比亚式戏剧有许多先例，如中世纪由海事协会搬上戏剧舞台的诺亚的故事，其情节有时惊人地逼真。再如 14 世纪晚期约克郡造船者的露天历史剧《建造方舟》，在这部戏剧中，上帝指示诺亚选择最高的树，把树的末端去掉做成方形，然后用钉子和胶水把木板和木条结构组合起来，通过这样的实践，诺亚最终成长为一名熟练的中世纪造船匠。在这些戏剧中，船只制作的过程非常细致精准：木制龙骨，横肋上连接船体列板，列板为一排水平排列的木板，是用来组成船体的。舞台上的船只需要在观众眼前逐渐成形，成为这类戏剧的一大特色。[22] 在约克郡的韦克菲尔德上演的《诺亚与方舟》也遵循"自己动手造船"这样的原则，剧中诺亚探测海水深度，而他的妻子负责掌舵：

> 诺亚：我的爱人，把那棵大树搭成帐篷样，我去看看海有多深，如果可以的话，我们就这样。
>
> 诺亚的妻子：我就应该这么做，这样就对了。现在试试吧，我们已经被这场洪水困了很多天了。[23]

这样的戏剧有助于观众熟悉航海主题以及航海术语，而且有些术语专业性极强。如下一节所示，几个世纪以来，海洋语言的创造和传播蓬勃发展，它们涉及一系列语篇，既有口语，也有书面语，既有纯粹功能性的语言，也有高度文学性的语言。这种海洋语言共同构成了一种独特的、有一定专业性的语言，它们在19世纪中叶被称为"水手用语"（Jack-speak）。

海洋语言

在人类历史的大部分时间里，海洋一直是社会人类学家蒂姆·英戈尔德（Tim Ingold）所称的"任务场景"（taskscape）之一，是航海者通过工作和耐力所界定的一个空间。[24] 与所有工作场所一样，海洋也催生了一系列工作语言和行话，这些语言和行话不仅与海洋和海上生活的知识、经验和仪式相关，而且与建立相互信任、具有归属感的海上共同体相关。人类学家约翰·麦克（John Mack）指出，"语言，而非简单的航海技能，是开启航海的首要要素之一"，他还以18世纪早期美国水手杰克·克里默（Jack Cremer）为例来说明这一观点。克里默认为，同船的水手"开始教我骂人，这是迈进航海学院的第一步"，此时他就被接纳为船上的一员了。[25] 要学习航海的工作语言就要加入一个相关的语言群体，这个语言群体会将专业术语和专门的俚语混合在一起，创造出一种迷人的神秘行话。在 16 世纪和 17 世纪，尼德兰联省共和国成为全球海上霸主，荷兰语也随之在世界各地传播开来，因此许多航海专业术语来自荷兰语。例如，all hands on deck（各就各位）直接借用了荷兰语中的 alle hens aan dek；而英语中许多熟悉的航海术语也都源于荷兰语，如 buoy（浮标）、bulwark（舷墙）、commodore（海军准将）、yacht（游艇）、yawl（小帆船）、keel-haul（龙骨拖船）、sloop（单桅帆船）、hoist（升起）、schooner（纵帆船）、bowline（帆脚索）、cruise（巡航）和 iceberg（冰山）等。但在 18 世纪初，荷兰的海上霸权地位开始衰落，英国取而代之，海洋语言虽然仍受荷兰语的影响，但英语很快成为新的国际海洋语言。

从亨利·梅因沃林爵士（Henry Mainwaring）于 1644 年出版《海员词典》（*The Seaman's Dictionary*）起，几个世纪以来众多航海词典面世，对于这些词典的编纂者而言，这些词典既具有实用性，也体现了航海事业的发展。例如，W. H. 史密斯船长在其长达 700 页的《水手词汇手册》的序言中，对所谓的水手用语的生动性和精确性给予了充分肯定：

> 生活在海上的民族喜欢使用航海用语，这是毫无疑问的，特别是许多用语既生动又简洁明了。向牙医指出痛牙位置最好的方式就是利用水手用语中类似的表达——"右舷船尾上部的那个磨床"。[26]

史密斯船长列举的许多例子表明，海上用语既易于记忆又精准明确，约瑟夫·康拉德曾这样描述海上用语——一种完美无缺的工具。[27] 在陆地上，表达含糊尚可接受，但在海上就可能是致命的，因为在海上，指挥者经常要在极其恶劣的天气条件下，向甲板上拥挤躁动的人群发出准确无误的指令。但这样的行话只能在航海工作中才能学到，对于搭乘航海船只但又不谙航海的人来说，海上航行最大的障碍往往是语言，而不是晕船。杰夫·戴尔（Geoff Dyer）在 2015 年出版的著作《又是海上美好的一天》（*Another Great Day at Sea*）中，概述了他在波斯湾的一艘美国航母上为期两周的生活。就自己不理解航海术语之事，他总结道：
"不理解名词，更不理解动词。这些词都有什么作用？"而雷德蒙德·奥汉隆
（Redmond O'Hanlon）在 2003 年出版的《拖网渔船》（*Trawler*）中，描述了自
己在隆冬时节前往冰岛渔场的旅行，其间船上的用语也同样令他困惑：

> "你是什么意思？什么是'鼓起'？"
> "'鼓起'？我是指海浪！对拖网渔船的船员来说，大点的海浪还
> 称不上海浪，只是'鼓起'，我这是把它往小了说，称之为海浪就非常
> 严重了。你不想让大海知道你很害怕，是吧？"[28]

捕鲸者也曾采用类似的"轻视"策略，将鲸鱼称为"鱼"，梅尔维尔在《白
鲸》里也是这样做的。就像伐木工人喜欢把最高的树称为"树枝"一样，这表
明，航海术语形成时，人们既考虑了术语的实际应用情况，又考虑了术语的安抚
作用。同时航海术语中还出现了备选词语来替代长期存在的航海禁忌语，例如，
langlugs 这一英文词被广泛用来替代 hare（野兔），因为野兔与家兔、猫、狗和
狐狸一样，是船上特别不受欢迎的动物。

海员忌讳在海上说出四足动物之名，因而大多数沿海地区都发展出了一套非
禁忌的替代词汇。在设得兰群岛，语言学家已发现了至少 18 个"马"的替代词，
13 个"猪"的替代词，11 个"羊"的替代词，7 个"牛"的替代词，这些词在
海上都被称为幸运词，而法罗语中有多达 22 个"猫"的替代词。[29] 事实上，人
们发现，法罗语由两种不同的平行语言组成，一种是海洋语言，另一种是陆地语
言，陆地语言也被称为窑房（kilnhouse）语言，每种语言往往只在特定的语境中
由同一群人使用，这些人可能是海上的渔民，也可能是陆地上的农民。费尔岛上
的人们同样也使用两套地名，一套以海洋为基础，另一套以陆地为基础，"人们
的迷信思想确保了这两套地名是分开使用的，在海上使用的地名从不会在陆地上
使用"。[30]

雷德蒙德·奥汉隆发现，现代渔船仍然遵循着这些古老的迷信和信仰。在踏上拖网渔船之前，他参与的第一次谈话的内容就是关于在船上什么可以说、什么不可以说，什么可以做、什么不可以做的：不可以穿绿色的衣服；如果看到牧师登船，必须转过身去；不能在星期五离开港口；"无论发生什么，你的妻子都不可以在你出发前的周末使用洗衣机，因为洗衣机中的水就像大海中的漩涡，她是在冲走你的灵魂"。[31]

打破这些禁忌中的任何一个都会给船只带来不幸，不过人们仍旧沿用触碰冷铁这一古老的补救办法，这一补救办法也是整个北大西洋渔业文化中共有的反禁忌方法，因为拖网渔船上总是有大量的冷铁。若出现了语言上的过失，斯堪的纳维亚人和设得兰人都会触碰冷铁。不可避免的是，在《拖网渔船》一书的最后一段中，奥汉隆无意中提到了兔子，给船带来了厄运，随后他喊出"冷铁"并抓住了栏杆。

打破语言禁忌的后果可能非常严重。在关于飞翔的荷兰人号（Flying Dutchman）的传说中，船长范德戴肯（Vanderdecken）因为在海上遭遇风暴时说了亵渎上帝之语，"被上帝判处继续在海上不断航行"。[32] 他的飞翔的荷兰人号始终无法入港，随着时间的推移变成了一艘幽灵船，船上的船员变成了幽灵，看到这艘船会让其他非幽灵船的船员感到恐惧。弗雷德里克·马里亚特（Frederick Marryat）在 1839 年出版的小说《幽灵船》（*The Phantom Ship*）中以引人入胜的方式讲述了这个传说。在小说中，与被诅咒的幽灵船近距离接触，预示着不幸遇到这艘船的水手将面临厄运：

> 海面上没有一丝风，大海就像一面镜子，那艘船的身影越来越清晰了，船身、桅杆和帆桁都清晰可见了。他们望着，再揉揉眼睛，好使自己看得更清楚些，因为他们几乎不敢相信自己所见：在那片淡淡的白光中央，在地平线以上 15 度的地方，确实有一艘大船在 3 海里远的地方

航行着。尽管风平浪静，但它似乎在狂风中颠簸着，在光滑如镜的海面上颠簸着，时而倾斜，时而恢复正常的姿态……它在海水中没怎么前行，但在大风的吹动下，它显然迅速向他们靠近。每过一分钟，它的模样就清晰一分，最终，在猛烈的风力使它转向之前，人们看清了它的样子。此时它离他们如此之近，他们甚至可以分辨出船上的人，他们可以看到船头溅出的泡沫，听到水手尖啸的口哨声、船身的吱嘎声、桅杆的呜呜声；然后阴霾渐渐升起，几秒后，它就彻底消失了！[33]

1872 年 12 月，人们发现一艘美国商船在北大西洋漂流着，船上空无一人，这一令人不安的发现印证了这个传说。这艘船仍然适于航行，装备精良，船上也没有任何人类挣扎或遇难的迹象；它显然是被船长和船员遗弃在大洋中的，无人知道他们都去了哪里（见图4-8）。于是关于这艘船的谣言四起：它是不是被诅咒了？它的第一任船长在 1861 年的处女航中去世，而接任的船长在多佛海峡意外撞沉了一艘英国双桅横帆船。这艘船最初被命名为亚马逊号（Amazon），但在 1868 年被卖给了新主人，新主人将其更名为玛丽·塞莱斯

图 4-8　空无一人的遇难船

注：该图选自儒勒·凡尔纳《海底两万里》早期版本中的雕刻插图。

特号（Mary Celeste）。根据海上流传的迷信说法，在给船只更名时需要特别谨慎，因为据说每艘船的名字都被海神记录在案，这是海神涅普顿权力的一种体现。如果不告知海神便更改船名，可能会致使海神震怒，所以显示船只先前身份的所有痕迹都需要删除，不仅仅是船只本身的名字，还包括所有相关文件、徽章和收据。然后还需要举行一个庄严的仪式来安全地为这艘船更名。

　　尽管海员的形象在一种文化中是长期固定不变的，如乔叟时代的刻板印象是醉酒的水手，一直到拿破仑时代，丰富的航海生活和航海语言才在文学中得到体现。约翰·戴维斯（John Davis）1805 年的著作《上校舰长》（*The Post-Captain*）被认为是航海小说的鼻祖，小说中充满了令人回味的航海语言。如船长对命运之风的狂热赞词："吹吧，我美丽的微风！ 鼓起我的帆吧！ 鼓起我的主帆和翼帆、斜桁帆和斜桁上桅帆！鼓起顶桅帆和三角形天帆！鼓起船首桅帆和三角帆！"又如海军准少尉埃科在指挥系统中重复发出的指令：

　　　　水手长大副！水手长大副！喂，你这个水手长大副！让船尾的警卫到这里的主桅上。海军陆战队下士！让海军陆战队到船尾的后甲板上去，抓住主上桅帆的升降索。警卫员！到下面去，把所有的闲散人员都叫上来！把所有的闲散人员都叫上来！你听到了吗，警卫员？把所有的闲散人员都叫上来！ 船尾的警卫！我没有看到船尾警卫过来！警卫队队长在哪？把命令传给在船腰部的警卫队队长！ [35]

　　根据 W·H. 史密斯船长的《水手词汇手册》，闲散人员指的是不需要值夜班的船员，而船腰部指的是船的中央甲板，是非战斗人员主要的工作地点。"闲散人员"和"在船腰部工作的人"都作为贬义词被纳入了通用语言，纳入通用语言的还有"松大炮"（loose cannon）[①]和"旱鸭子"（landlubber）等，在拿破仑战争期间的漫长的海战中，这些词的文化内涵已为人熟知。

　　航海语言也与水手爱讲故事的悠久传统息息相关，航海故事的一个关键特征就是水手讲故事时常用比喻。在狄更斯于 1860 年出版的圣诞故事《大海来信》

---

①在英语中，loose cannon 用来形容那些我行我素、不按常理出牌、难以驾驭和控制的人。
——编者注

（*A Message from the Sea*）中，死而复生的漂流者休·雷布罗克完全不像一个水手，他无法讲述自己的故事，他的一位雇主这样感叹道："一个没有故事的水手！谁听说过这样的事？"这进一步说明，人们普遍认为会讲故事是水手的主要特征之一。[36] 在思想家瓦尔特·本杰明（Walter Benjamin）看来，他在 20 世纪 30 年代描写的人物"经商的海员"，是一位典型的讲故事高手，从海外归来的他讲述的冒险故事也传递着来自远方的传说。德国有句谚语，"当一个人去旅行时，他一定有故事要讲"，而且人们习惯把讲故事的人想象成远道而来的人。[37]

航海故事讲述者中，最引人注目的是饶舌的克尼船长，他是弗雷德里克·马里亚特于 1834 年出版的第 4 部小说，也是其最好的一部小说《彼得·斯普勒》（*Peter Simple*）中的人物。克尼船长声名狼藉，他讲的故事令人难以置信，作为"有史以来最大的说谎者"，他只偶尔说真话；甚至在他躺在新斯科舍省的一家海军医院里奄奄一息时，他仍坚持要口述一份完全虚构的遗嘱，包括将他虚构的遗产——"我想想它的名字叫什么。沃尔科特修道院，艾尔斯伯里山谷的三个农场和诺福克的沼泽地"，留给他同样虚构的孩子威廉·穆罕默德·波特金·克尼和卡罗琳·阿纳斯塔西亚·克尼，以及他虚构的妻子奥古斯塔·夏洛特·克尼，"她的名字是以奥古斯塔公主的名字命名的"。[38] 这一闹剧反映了这位身无分文的未婚水手的辛酸，他在临终前幻想着自己的土地和家庭财产，而他幻想的大部分财产都远离大海。

从 1829 年的《海军军官》（*The Naval Officer*）到 1846 年 300 多万字的《私掠者》（*The Privateersman*），马里亚特一共撰写了 20 部海军小说，克尼船长是其生动刻画的众多人物之一。这些小说是马里亚特基于自己漫长的海上生涯而撰写的。特拉法尔加战役一年后，14 岁的他加入了海军，在帝国号（Impérieuse）护卫舰上担任志愿海军学员。他在海上的第一周就与死神擦肩而过：1806 年 11 月，一场风暴使帝国号撞到了法国阿申特岛附近的岩石上。他永远不会忘记"他被挤在船里，船的龙骨发出嘎吱嘎吱的响声，剧烈的冲击使船体摇晃着……然后巨大的海浪再次把船掀起，把船掀过了暗礁"。20多年后，他将这一经历写入《彼得·斯普勒》中，创作了著名的风暴场景：[39]

> 巨大的海面，像施了魔法似的涨了起来，接着海水向我们席卷而来，我们的船被搁浅在了死寂的背风岸上。夜幕降临时，突然刮起一阵可怕的大风，船上的帆布被吹落，覆盖着船身。如果有足够的运转水域，我们应该在风暴时收帆停航，但是，我们不得不冒险继续前行，因为这样我们才能离开出现海岸。船位于海浪的波谷时，海水涌入船里，从水手舱到船尾，一直涌到罗盘舱。而且，船还时不时向下俯冲，俯冲的力量非常之大，我甚至真的以为它会因猛烈的冲击而一分为二……这幅景象真的非常可怕。船在波谷时，你只能看到一片波涛汹涌的水域；但当它被卷到巨浪顶峰时，你往下看，看到的仿佛是一个低平沙滩，离你很近，上面满是泡沫和浪花。[40]

约瑟夫·康拉德在1898年发表的文章《海上故事》(Tales of the Sea)中提到，马里亚特可能并不喜欢海洋，但海洋却毫无保留地爱着他："对这位海洋作家来说，海洋并不是一种写作元素，它是一个舞台，正是这个舞台给他带来了职业荣誉和作家的声望。"康拉德注意到，马里亚特小说中最精彩的部分是关于海上的描写（见图4-9），但是一涉及陆地，这些描写就像登陆的两栖动物一样笨拙了。[41]

马里亚特和康拉德的小说中引用的那些生动的水手用语现在几乎都消失了，他们的追随者，特别是小说家 C. S. 福里斯特（C. S. Forester）和帕特里克·奥布莱恩（Patrick O'Brian）的小说中引用的水手用语也是如此，取而代之的是一种被称为 SeaSpeak（国际航海用语）的以缩写形式呈现的海事英语。这种子语言于1988年被国际海事组织正式采用，并在20世纪90年代进行了修订以适应通信技术的变化。如今，在任何一片海域中，过往船只之间的典型对话都可能是这样的：

图 4-9　根据马里亚特的描写创作的彩色蚀刻版画

注: 这是乔治·克鲁克香克（George Cruikshank）1820 年出版的讽刺海军的系列版画《海军准少尉的进步，以笨蛋大师的职业生涯为例》(*The Progress of a Midshipman, Exemplified in the Career of Master Blockhead*) 的卷首插画，画中紧张的年轻英雄正穿越大海，走向荣誉殿堂。

　　日本丸号: 海湾贸易号，海湾贸易号。这是日本丸号。日本丸号，VHF 频道 1-6。完毕。

　　海湾贸易号: 日本丸号。这是海湾贸易号，Alpha-Six-Zulu-Zulu。完毕。

　　日本丸号: 海湾贸易号，这是日本丸号。切换到 VHF 频道 0-6。完毕。

　　海湾贸易号: 日本丸号，这是海湾贸易号。同意切换至 VHF 频道 2-6。完毕。

　　日本丸号: 海湾贸易号，这是日本丸号。错误。切换到 VHF 频道 0-6。再说一遍，切换到 VHF 频道 0-6。完毕。

　　海湾贸易号: 日本丸号，这是海湾贸易号。更正。同意切换到 VHF 频道 0-6。完毕。[42]

　　SeaSpeak 国际航海用语的单词数量有限，而且采用标准化术语，如"错误""更正""再说一遍"，其目的是促进船只通过 VHF[①] 无线电媒介进行通

---

① VHF 全称为 very high frequency，意思是介于 30 兆赫与 300 兆赫之间的射频。——编者注

信交流，但这种媒介传递信息的清晰度常常因海上接收效果不佳而变得很差，而且使用者需要克服多种语言障碍。SeaSpeak 是人们为了从语言上应对海运的集装箱化而产生的，因为新型海运的船员几乎来自世界各地，1988 年官方发布的《SeaSpeak 培训手册：国际航海基本英语》（*SeaSpeak Training Manual：Essential English for International Maritime Use*）的名称也暗示出这一点。[43]

海运集装箱化不仅改变了海洋的语言，而且改变了航海的全部特征。目前海上有超过 5 万艘集装箱船在航行，作家威廉·兰格维什（William Langewiesche）在 2005 年出版的《法外海域》（*The Outlaw Sea*）一书中，将这些船只描述为"地球上最独立的物体"，它们装载着世界上 90% 以上的贸易货物，悬挂着方便旗[①]在海上穿梭。[44]

方便旗制度始于 20 世纪 20 年代，当时美国的船主因国内监管力度加大以及工资成本不断上涨而感到懊恼，于是转而在免税的巴拿马注册。这种做法广为流传，巴拿马现在是地球上最大的海运国家，其次是利比里亚和马绍尔群岛，不过注册为航运船事实上并不需要所属国家有海岸线。在巴拿马注册的船只，既有来自玻利维亚内陆城市拉巴斯的船只，也有来自蒙古沙漠的船只。[45]

约瑟夫·康拉德在小说《台风》的开篇，对方便旗制度做了颇有见地的评论。在小说中，麦克维尔船长同意在其指挥的苏格兰造南山号上悬挂暹罗（泰国）国旗，迷信的大副对此很不安。康拉德写道："当新旗帜头天早晨飘扬在南山号船尾上空时，朱克斯站在望台看它，心里酸苦得很。他忐忑不安地挣扎了片刻，于是说道，'好古怪的旗啊，叫人待在这下面航海呢，先生。'"然后朱克斯准确地预测到，船只会遭遇险情（见图 4–10）。[46]

---

①方便旗指的是一国的商船在他国注册登记后所悬挂的注册国国旗。——译者注

图 4-10　船只在惊险的水龙卷里沉浮

注：该图选自卡米尔·弗拉马里翁（Camille Flammarion）于 1873 年出版的《大气层》（*L' atmosphere*）。

　　康拉德小说的主题之一是航海中逐渐消逝的浪漫气息，这在麦克维尔那艘不太优雅的货轮上体现得淋漓尽致，那艘货轮与航行中的船只不同，它是人们为了引导船只在港口间直线航行而建造的，它的建造也预示着大规模集装箱化时代的到来（见图 4-11）。小说的这一主题反映了自拿破仑时代结束以来海军的全面衰落，当时要想控制海洋就需要拥有一支配备精良的舰队，而不是一份海上战略。随着商业货物量的增长，一些专门建造的集装箱港口，如西澳大利亚的弗里曼特尔港、英国萨福克郡的费利克斯托港，在很大程度上利用自动化对接系统来处理大量的集装箱货物。但是近几十年来，世界海事的重心已转移到亚洲，亚洲拥有了大型深水集装箱港口，如位于中国东部沿海的上海港，约 3 600 平方千米的水域面积使欧洲沿海国家的港口相形见绌。2015 年 1 月，当时世界上最大的集装箱船，即中国的中海环球号，停泊在费利克斯托港（见图 4-12），船上创纪录地装载着 1.9 万个 6 米长的集装箱，其中装载的物品数量不亚于不列颠群岛的人口：它的确带来了当地每个人都需要的物品。

　　导演诺埃尔·伯奇（Noël Burch）和艾伦·塞库拉（Allan Sekula）2010 年执导的纪录片《被遗忘的空间》（*The Forgotten Space*）探索了商运海域的这一转变（见图 4-13）。影片中有一些采访片段，采访的对象在工作生活中深受钢铁集装箱的影响，而这些集装箱于 20 世纪 50 年代在美国首次出现，如今无处不在。

此外，这些采访对象被问及海运集装箱化是否"把海上开拓和冒险变成了一大堆无形的苦差事"。多式联运集装箱可以轻松地被转运到不同的运输工具上，可以从船舶转运到火车，再转运到重型货车上，它们把海洋变成了全球交易大厅，但同时也隐匿了货物信息：集装箱在整个航运过程中都是锁着的，搬运工人不再知道自己搬运的是什么货物。但是冷藏集装箱除外，因为工人每天都得检查冷藏集装箱的温度；不过船上的生活节奏混乱，冷藏集装箱的温度经常被工人忽视。

（a）1915 年鹿特丹港的破晓时分

注：一个世纪后，鹿特丹已成为欧洲最大的海港，面积为 105 平方千米，每年进出近 5 亿吨货物。

（b）集装箱化的费利克斯托港

注：英国超过 40% 的进口货物是通过费利克斯托港进口的。

图 4-11　大规模集装箱化时代的到来

图 4-12　费利克斯托港一隅

注：从海岸瞭望台眺望到的海景，瞭望台位于萨福克郡费利克斯托港的马泰洛塔 P 的顶层。

　　尽管航运的许多程序都实现了自动化，但海上的工作环境仍然很危险，尤其是在像英吉利海峡或苏伊士运河这样船只众多的水域中。罗斯·乔治（Rose George）在 2013 年出版的《深海与远航》（*Deep Sea and Foreign Going*）一书中描述了现代集装箱船上的生活："海上没有发生事故时的每一分钟只能表明在这一分钟里船只没有遭遇危险"，无论危险是撞到其他船只、撞到包括废弃集装箱在内的看不见的障碍物，还是遭遇恶劣天气以及海洋自身难以预料的反复无常。[47]

　　1978 年 3 月，超级油轮阿莫科·卡迪兹号（Amoco Cadiz）因暴风雨天气在英吉利海峡遭遇了大风和异常的巨浪，汹涌的海浪致使船舵损坏失灵，油轮被 10 级大风吹到布列塔尼的岩质海岸上，在那里解体，将近 22 万吨原油泄漏到海里，给海洋生物带来了灭顶之灾（见图 4-14）。令人惊讶的是，海上致命的碰撞事件也频频发生：2017 年 6 月，美国海军驱逐舰菲茨杰拉德号（Fitzgerald）在日本海岸附近与一艘重达 2.9 万吨的集装箱船意外相撞，造成 7 名船员死亡；两个月后，另一艘美国军舰约翰·S. 麦凯恩号（John S. McCain）在新加坡海岸附近海域与一艘油轮相撞，又有 10 人丧生。第二次撞船事故的官方报告将事故和人员伤亡归咎于军舰船员训练不足以及舰桥操作程序不当。

图 4-13　从一艘远洋集装箱船甲板上看到的景象

注：该画面为导演诺埃尔·伯奇和艾伦·塞库拉于 2010 年执导的令人难忘的纪录片《被遗忘的空间》的剧照。

　　如果说现今商业海员面临的境遇是薪水低和工作环境不安全，那么在航行时代①，情况也好不了多少（见图 4-15）。在当时困扰欧洲水手的许多心理问题中，有一种叫热病，它是由中暑引起的一种强烈幻觉。曾有一位经常独自一人待在甲板上的水手就产生了这种幻觉，他感觉到周围的海浪就是自己家乡的绿色田野，于是跳海身亡。1829 年，一艘法国海军舰艇沙丘号（Dunesque）报称，在前往里约热内卢途中，船上 600 名船员中有 100 人死于热病。

---

①航行时代（Age of Sail），不同于大航海时代（The Age of Exploration）。前者是指大约在 1570 年到 1860 年间，在这一时期，人类需要用帆船来旅行、贸易和进行战争；后者是指 15 世纪到 17 世纪欧洲船队在全球远洋探索的时期。——编者注

图 4-14　原油泄漏

注：1978 年 3 月，超级油轮阿莫科·卡迪兹号遭遇大风，在布列塔尼海岸搁浅，近 22 万吨原油泄漏到海里，这是有史以来最严重的原油泄漏事件之一。

　　最近有人认为，海军术语"海上失踪"[①]在很大程度上归因于热病。"这不应被视为自杀，因为死亡并不是他们的目的，但幻觉如此强烈，水手感到'无力抵抗'，他们被催眠般地跳下船，跳入海里"。[48] 这种情况通常发生在晴朗无云、平静的热带水域，通常是在船只航行了至少一周之后，海上一望无际之时。

　　19 世纪以来，热病引发的事件就没有被报道过，但这种事件仍然人尽皆知，部分原因是《白鲸》的第 114 章《镀金匠》和爱伦·坡的小说《亚瑟·戈登·皮姆的故事》中对此的惊人描述，在这些小说中，大海看起来就像"成熟谷物在田地里摇曳着"；还有部分原因是乔纳森·斯威夫特（Jonathan Swift）在 1721 年发表的讽刺诗《南海计划》（*Upon the South Sea Project*）中描述这一情况的知名诗句：

　　　　　　带着热病的幻觉，
　　　　　　水手狂喜地看到，

---

①海上失踪人数约占历史上海军服役期间死亡人数的 4%。

在平静而蔚蓝的海面上，

五彩的田野和青翠的树木；

他急切地想去走走，

在那梦幻般的景象中，想着

那一定是一片迷人的小树林，

他纵身一跃，沉入海里。[49]

图 4-15 航海时代危险的海上工作环境

注：此图为威廉·布拉德福德（William Bradford）于 1860 年至 1861 年绘制的布面油画《楠塔基特沉船》（*Shipwreck off Nantucket*）。1859 年 8 月，布拉德福德在葡萄园湾的入口处亲眼目击了楠塔基特号（Nantucket）捕鲸船失事。汹涌的大海和倾斜的船只戏剧性地展示了荷兰海洋艺术对布拉德福德风格的影响。

章末总结

海上航行

　　人类的海上航行早已有上万年的历史。虽然早期航海者的航海动机已难以知晓，但是经人类学家和历史学家证实，他们的航行技术与现代的航行技术一样准确可靠，他们会靠观察太阳、星星、鸟类飞行路线、鲸鱼迁徙路线、风向、涌浪等各种方式来航行。航行技术的发展催生了海上贸易的繁荣，达·伽马发现印度、哥伦布发现美洲，随着这些史诗般的海上历险而来的是海上贸易帝国。然而，尽管人类具有先进的海上技术和无尽的野心，海洋仍难以征服，不时发生的海难就是明证，而海上的行话也体现了人类对海洋永恒的忌惮。

5

The Sea in Art and Music

海洋艺术

如果我的书里写了关于大海的诗，那并非我故意所写，而是因为没有诗就无法呈现真实的大海。

蕾切尔·卡森（Rachel Carson），1952

　　1972 年夏天，概念艺术家苏珊·希勒（Susan Hiller）在英国的一个海滨小镇买了一张旧明信片，上面写着"波涛汹涌的大海，滨海韦斯顿"。希勒回忆道："明信片上画着汹涌的波浪，还配了些文字。我盯着明信片看了很长时间。"[1]

　　几个星期后，希勒去了萨塞克斯郡的布莱顿，在那里她又发现了一张类似的明信片，上面画着海浪拍打着海滨步行大道，也写着类似的文字"波涛汹涌的大海"。她想，如果有两张这样的明信片，那肯定还有更多。于是，她开始寻找其他类似的明信片，"这种明信片各方面都很吸引人，我把它们看作微型艺术品"。

　　4 年后，希勒从不列颠群岛各地收集了 300 多张"波涛汹涌的大海"的明信片，其中大部分是 20 世纪初的作品（见图 5–1），她将这些明信片整理成展览的艺术品，将之命名为"献给无名的艺术家"（Dedicated to the Unknown Artists），旨在向创造了这些原始艺术品的匿名摄影师、画家和手绘者表示敬意。这个展览于 1976 年在布莱顿的加德纳中心画廊首次展出，其中的艺术品现在收藏于泰特美术馆。

（a）一张 20 世纪早期描绘"波涛汹涌的大海"的明信片

注：这些从狂风肆虐的英国海边的度假胜地寄来的明信片，是非常受欢迎的纪念品。

（b）1925 年西塞莉·玛丽·巴克（Cicely Mary Barker）绘制的明信片

注：该明信片展现的是爱德华时代的孩子们在海边玩耍。

（c）20 世纪初的纪念明信片

注：明信片中展示的是正在航行中的英国大舰队。大舰队是人们为了对抗第一次世界大战期间的德国公海舰队而于 1914 年组建的。

（d）20 世纪早期的卫宝香皂广告

注：这则广告让人联想到天然、卫生的生活理念。

图 5-1　20 世纪初与大海有关的明信片与广告

首展时明信片以网格形式排列在 14 块大画板上，旁边是一幅带注释的英国地图，上面标有明信片中描绘的海滨的位置。同时展出的还有若干邮寄者在明信片上写的信息，其中一张来自滨海克拉克顿，上面写道："今天真是美好的一天。"而另一张明信片上画着安特里姆巨人堤道（Giant's Causeway）上目之所及的汹涌大海，上面附着这样的文字："自从我来到这里，就一直在下雨。"[2] 希勒谈到，她对这些存在张力的表现语言，无论是文字的还是画面的，都非常痴迷；她也痴迷于探寻它们是如何引发了"一系列悖论的，如有意但未能表现的与表现了却原本无意的悖论"。[3] 明信片上反复出现的海滨主题，在描绘狂暴的自然侵袭力量的同时，也蕴含着闲暇和浪漫的内涵，强调了大海的奔涌与度假胜地淡季时的沉闷之间蕴含的矛盾：湍急的水流如瀑布般在一排排整齐的海滨客房之间倾泻而下。这种表现方法与极简主义框架结构下的严格概念方法形成对比。弗吉尼亚·伍尔夫于 1937 年 10 月在萨塞克斯郡的锡福德目睹了这样的景象，她对这一景象的描述令人印象深刻："面前的大海，喷涌在街道和灯塔上的巨大浪花，都令我欣喜不已。就在汽车上方……一大片波浪泼洒开来。为什么人们会喜欢疯狂而难以掌控的事物？"苏珊·希勒的作品以强有力的视觉表达方式回答了这个问题。[4]

希勒收藏的明信片数量与日俱增，于是她又策划了两个展览作品：1982 到 2019 年的《波涛汹涌的大海》（Rough Seas）和 2015 年的《边缘》（On the Edge）。《波涛汹涌的大海》是探索风景画和摄影之间关系的一系列彩色版画；而《边缘》是《献给无名的艺术家》的扩展版，这一系列中的 482 张明信片描绘的是 219 处海滨景观，其地形分布使人们可以从概念上环游英国饱经风霜的海岸线。

希勒一生迷恋风暴和海浪，这说明她对运动中的大海不断产生创造上的情感冲动。艺术评论家约翰·罗斯金于 1843 年出版了《现代画家》（Modern Painters）第一卷，他在《水的真相》这一长篇章节中指出，大海对视觉表现提出了特殊的挑战，大海的躁动不安经常被描绘为混乱无序的样子。他写道："人们必须如实地描画大海，不能把大海描画成是完全杂乱无章的。"他敦促艺术家密切关注他所定义的大海的本质，即"狂暴和形式主义"。[5]

在罗斯金和希勒看来，**运动中的大海是杂乱无章的，但终究是可解读的，它充满了动态的、自我更新的力量，这对绘画和静物摄影等静态的视觉艺术形式来说是种考验。**罗斯金敦促艺术家要接受这一挑战，从视觉上诠释海水的运动，了解海风在港湾口和海面上的不同作用，了解波浪在平缓的海滩上破碎和海浪在风力驱动下撞击岩石之间的差异。不过，在提到描绘破浪波时，他承认："最后一次撞击才是最严酷的，任何人都拿它没有办法。"[6]

罗斯金的观点得到了维多利亚时代地质学家戴维·安斯特德（David Ansted）的支持。安斯特德于 1863 年在《艺术杂志》（*Art Journal*）上发表了一篇颇具影响力的文章，题为《水的表征》（Representation of Water）。和罗斯金一样，安斯特德注意到，对于视觉艺术家来说，描绘波浪是个难题，因为波浪变化无穷，但密切关注波浪的运动会大有收获：

> 从最轻柔的涟漪到最剧烈的扰动，波浪的层次是无限的；波浪不仅随其高度而变化，而且随其形成的海水深度而变化。每一个波浪面，不仅有自己的高度和宽度，还有很多小波纹，因此完全光滑的海面不仅很罕见，而且是一种特殊的现象，但这种现象值得进行高层次的研究，从而帮助我们获知一些难以诠释和鲜为人知的真相。[7]

本章将以罗斯金和安斯特德的观点为线索，探索艺术家、电影制作人、作曲家和音乐家从视觉上和概念上如何反映大海无休止的狂暴和形式主义，如何反映大海的意义、主题及其难以诠释和鲜为人知的真相。

视觉艺术中的大海

　　欧洲最早描绘大海的艺术形式之一是贝叶挂毯（见图 5-2），这件长 70 米的刺绣作品大约在 1077 年完成于英格兰。虽然在描绘哈罗德国王在诺曼底海岸遭遇海难以及威廉随后带舰队入侵的场景中，该挂毯展现了船只的诸多细节，但却以平行排列的波浪线来简单地示意大海本身。海事历史学家戴维·科丁利（David Cordingly）曾指出，这一表现大海的方式在随后的 5 个世纪里一直被沿用，只是略有变化。[8] 例如，在英国南部五港联盟①的复杂印章中，在采用蓝绿色漩涡代表大海的许多中世纪彩绘手稿中，我们都可以看到这种表现方式。

图 5-2　贝叶挂毯的细节图

注：贝叶挂毯是最早描绘大海的欧洲艺术形式之一，在这个挂毯中，英吉利海峡呈现为一系列起伏的线条。

　　与古代海洋文学作品一样，最早表现海洋的视觉艺术也往往关注人类的经验、航运和航海，而不是海洋本身。16 世纪英国皇家方舟号（Ark Royal）木刻版画就是一个典型的例子（见图 5-3）。在这幅被大量临摹的木刻版画中，大海被简化成一个灰色的水平基座，基座上是无敌舰队的辉煌锦旗。但在随后两个世

①五港联盟（The Clinque Ports）是 11 世纪到 16 世纪英国东南肯特郡和萨塞克斯郡的几个沿海城市所组成的自治联盟。——编者注

纪里的欧洲，"海事艺术"和"海洋艺术"之间的区别越来越明显，前者侧重于体现航运和航海技术，后者则以海洋本身为中心。尽管如此，我们也会看到，它们之间的界线仍然很模糊。

图 5-3　皇家方舟号木刻版画

注：这幅版画大约创作于 1587 年，在这幅版画中，大海呈现为一个灰色的水平基座。

　　1805 年，伦敦的海事画家多米尼克·塞尔（Dominic Serres）和约翰·托马斯·塞尔（John Thomas Serres）父子俩出版了一本名为《海洋之书》（*Liber Nauticus*）的指导手册，在这本手册中，他们为"熟练绘制海洋题材作品"奠定了基础。该手册的特点是既关注船舶和航运的视觉组成元素，也关注海洋本身的构成要素。这本书在前言中表示，本书是写给"海洋绘画爱好者"的，书中举例说明了"各种船舶和船只"，并在背景介绍中引入了取自自然的场景，使得该书的介绍更加生动有趣。[9] 父子俩描绘的场景被雕刻成品，制作成许多插图，运用在绘画实物课程中，这些场景包括他们所研究的不同状态下的海洋，如"微风伴着涟漪""汹涌的潮水伴着强风在沙滩上翻滚""疾风"，以及在各种海况下"抛锚""转向""疾行"等船舶操纵的细节等。其中"疾行"指船只在风暴的推动下行进：

　　　　当实施这种操作时，船只在水中以惊人的速度疾行，但人们绝不会在逆风中尝试这样做，除非船只无法再承受风浪的共同作用，同时又没有面临最紧迫的危险。[10]

从书中叙述的一系列航海细节可以清楚地看出，海事绘画长期以来都是知识渊博，但往往也很迂腐的航海爱好者主导的领域，在他们看来，即便是极小的事实错误也不能忽视。19 世纪的画家乔治·钱伯斯（George Chambers）于 1813 年（年仅 10 岁）就开始出海，他在短暂职业生涯的早期就掌握了船舶和航海技术的第一手知识。他的一位异常苛刻的赞助人——海军上将乔治·芒迪爵士（George Mundy）曾写信委托他绘制两幅大型海洋画。在其中一封信中，芒迪提到了钱伯斯所绘制的一艘法国护卫舰被俘的画，他赞扬钱伯斯所画的"船、海洋和陆地"，但批评这位艺术家对船帆的处理明显不当：

> 为什么前桅中帆没有固定好？没有哪个战士会松开前桅中帆来作为起航的信号，除非他负责的是护航和停泊。三角帆应该在吊杆三分之一处松开，这样在刮风的天气里，它看起来更像船形。后帆或后樯纵帆不需要松开，这样在后桅杆顶上就能露出一面旗子，你应该把旗子升起来，就像前中桅顶上的船首旗一样向上展开。这些改进要是做得好，那我就可以说它完美了。[11]

在另一封信中，芒迪详细说明了钱伯斯所描绘的雾气笼罩的水面存在错误，并建议他在"第一个敬礼日前往海军重镇朴次茅斯进行近距离和远距离观察，我坚信你会立刻明白自己的错误并予以纠正，这会使你受益终生"。[12]

但是，《海洋之书》所倡导的写实绘画方式在接下来的几十年里被风景画大师透纳（J. M. W. Turner）的创新绘画方式所取代。从透纳于 1796 年创作的第一幅油画《海上渔夫》（Fishermen at Sea）在伦敦展出，到 1849 年他 74 岁时把最后一幅作品《沉船浮标》（Wreck Buoy）送至伦敦皇家艺术学院，透纳的艺术视野一直以大海为主要场景（见图 5-4）。

图 5-4　透纳于 1845 年创作的布面油画《捕鲸者》（*Whalers*）

注：这幅画是透纳受托马斯·比尔（Thomas Beale）于 1839 年出版的《抹香鲸自然史》（*Natural History of the Sperm Whale*）的启发而创作的四幅系列画作之一。在这幅布面油画中，鲸鱼刚猛烈袭击了一艘靠近的捕鲸船。

　　在透纳长达 50 年的职业生涯中，他的海洋绘画展现出的视觉效果颠覆了既定的绘画规则和惯例，用艺术史家克里斯蒂娜·莱丁（Christine Riding）的话来说，透纳创造了"一种全新的海洋美学"；莱丁还引用了美国艺术家爱德华·莫兰（Edward Moran）后来发表的一篇关于海洋绘画的论文，论文中提到透纳在描绘海岸场景时的不拘一格：

我曾经带着很多透纳的英国海岸风景版画，前往据我判断版画所描绘的确切地点，如黑斯廷斯、多佛和其他东南部的地方。我划着船四处找，直到找到恰当的地点。好吧，寻找的结果解答了所有关于透纳绘画准确性的疑问。他故意使自己不准确……他对陆地、海洋和云朵的形状了解得非常透彻，可以随心所欲地画出各种形状，同时又能保持所画景物的真实自然。[13]

透纳海岸风景画的原始意象很可能来自乔治·库克（George Cooke）1814 年到 1826 年的作品《风景如画的英格兰南部海岸》（*Picturesque Views of the Southern Coast of England*），这是一本颇受欢迎的画册，收录了根据透纳海滨风景水彩画制作的蚀刻版画和雕刻版画。其中的许多版画描绘的是透纳从海上看到的沿海城镇，有的是从波涛汹涌的水域看到的，如 1824 年创作的《萨塞克斯的布赖赫尔姆斯顿》（*Brighthelmston, Sussex*），这幅画描绘的是一艘渡船被一股小而强劲的风暴浪推向布莱顿新建的链条码头，其构图在视觉上为苏珊·希勒收集的明信片做了铺垫。

从透纳职业生涯早期创作的自然主义海景画开始，波澜起伏的大海就为他提供了广阔的绘画表现空间。他早期的一部杰作是 1801 年创作的《大风中的荷兰船》（*Dutch Boats in a Gale*），这部作品是受布里奇沃特公爵委托而创作的，公爵意欲使之成为《大风正起》（*A Rising Gale*）的姊妹篇。《大风正起》是荷兰绘画大师小威廉·凡·德·维尔德（Willem van de Velde）于 1672 年创作的一部海洋作品。在英国，小威廉·凡·德·维尔德被称为"古往今来最杰出的海洋画家"。[14]显然，透纳将公爵所委托的绘画任务直接解读成了一项挑战，因此，他打算以一幅令人印象深刻的油画来超越这位荷兰艺术家。透纳的这幅油画的构图充满了戏剧性的对比，描绘的是在暴风雨肆虐的海面上，明亮的白色浪头在危险的云墙下奔涌。透纳因这幅作品获得了 250 英镑的巨额报酬，他意识到这幅作品是他职业生涯的转折点，他后来讲述了这幅大胆的画作是如何使他的人生扬帆起航的。[15]

但透纳的绘画表现力在他后期的油画作品中才表现得更为淋漓尽致。在他的油画中，波浪、薄雾、光线和云朵以近乎抽象的形态交织在一起，因而作家威廉·黑兹利特（William Hazlitt）称，透纳"什么都没画，却又什么都画了"。[16]透纳晚期的一些杰作遭到了报纸评论家的嘲笑，他们抱怨画中的瓢泼大雨和纷飞大雪，让人什么也看不到，如透纳于 1842 年创作的《暴风雪——汽船驶离港口》。这幅画的副标题冗长①，有传言声称"作者在阿里尔号（Ariel）离开哈里奇的那晚亲历了这场暴风雪"。关于透纳的传说中，最有名的一段故事即源自这幅画。这位艺术家宣称，他画这幅画并不是为了让人理解，只是想展示这样一场风暴是什么样的。"我让水手们把我绑在桅杆上观察暴风雪，"他说，"我被绑了 4 个小时，中途没想过下来，因为我觉得无论如何要把它记录下来。"[17]

这个故事是真是假暂且不论，也没有证据表明有一艘叫阿里尔号的船曾在暴风雪中离开过哈里奇，但这位艺术家留给人们的形象就是不顾一切，对他来说，创造性的表达比生命更重要。如今已被人们忘却的维多利亚时代的海洋画家亨利·摩尔（Henry Moore）② 在 1874 年创作《地中海的恶劣天气》（*Rough Weather in the Mediterranean*）时也仿效了这一做法，这幅画是他在冬季乘坐一位富人赞助的纵帆船前往埃及巡游时创作的。据摩尔的传记作家弗兰克·麦克莱恩（Frank Maclean）说，这艘船在亚历山大港附近遭遇了暴风雨，这位艺术家当时把一个画架和一把椅子绑在船桥的栏杆上，"那里还竖立了一块'防雨布'，当一股巨大的海浪扫过船舷时，这位艺术家和他拿着颜料盒的朋友就会躲在防雨布后——在这个有点危险的地点，摩尔仍在全力作画"。[18]

①《暴风雪——汽船驶离港口》的英文全称为：*Snow Storm——Steam-Boat off a Harbour's Mouth Making Signals in Shallow Water,and goiny by the Lead*。——编者注
②区别于同名的雕塑家。

　　和透纳一样，摩尔也尽可能多地待在海上。虽然他在伦敦皇家艺术学院展出的大多数作品都是大型海洋画，但没有一幅能像透纳的著名油画那样取得很高的成就。例如透纳于 1838 年创作的《被拖去解体的战舰无畏号》（*The Fighting Temeraire*）是 1839 年伦敦皇家艺术学院展览的焦点，现在也是英国最受喜爱的艺术作品之一（见图 5-5），它还被印在了 2020 年初发行的新版 20 英镑纸币的背面。这幅画描绘的是当时最著名的一艘老牌战舰被蒸汽动力拖船拖到伦敦罗瑟希德一座拆船工厂的情景。在 1805 年的特拉法尔加战役中，装备有 98 门火炮的无畏号发挥了重要作用，但在 1838 年，它却被海军部当作废铁卖掉了。透纳展示了这艘备受指责的炮艇在泰晤士河口结束最后旅程时的情景，这一情景说明帆船时代已让位于蒸汽时代，而且这一情景后来成为英国海军力量衰落的凄凉象征。

图 5-5　透纳于 1838 年创作的布面油画《被拖去解体的战舰无畏号》

注：这幅画描绘了一艘老牌战舰被一艘蒸汽动力拖船拖到拆船工厂的情景。装备有 98 门火炮的无畏号在特拉法尔加战役中发挥了重要作用，却在 1838 年被当作废铁卖掉了。

　　1855 年春，透纳的拥护者约翰·罗斯金在为 1856 年出版的著作《英国海港》（*The Harbours of England*）进行背景研究时，考察了英国沿海的许多城镇。《英国海港》本质上是一本附有注解的画册，里面有 12 幅透纳所作的英国港口版画的复制品，以及罗斯金为此所写的一系列文章，在这些文章中，他以理想化的语言赞美了航海生活。"总而言之，"他说，"船只是人类作为一种群居动物所

创造出的最令人钦佩的东西"。[19] 这本书也是罗斯金对透纳作为海洋画家的进一步反思，他早在 1843 年出版的《现代画家》中便阐述了这一观点，这也是他热烈颂扬英国的一个主题。罗斯金认为透纳对于海洋的理解超乎视觉想象，以下是他对这一观点的描述：

> 他确信另一个事实，那就是大海是支离破碎的。在那以前，画家们普遍认为大海是不断流动、力图保持水平和始终如一的；海面光滑而平静；船只科学地入海，被海水浸湿，海水上升到船只两侧的水位标记，该水位标记以上的船只部分仍保持干燥。但透纳在南部海岸之旅中发现，大海并非如此；相反，大海难以估量，也并不保持水平。我们有时看到海天相接的景象，有时又发现水位只到船舷两侧；大海很容易破碎，一半海浪与另一半海浪相互分离；大海可在瞬间向内陆冲进数千米；大海并不局限于表面上的流动状态，而是时而像钢铁手臂一样猛烈撞击，时而又像云朵一般消失不见，没有人能知道它要去何方；一会儿像一个燧石洞，一会儿像一根大理石柱子，一会儿又像是一片片羊毛，密密地夹缠在雷雨之中……大海留给他的永远是这样多变的形象。[20]

透纳塑造的大海形象对英国艺术的影响不容小觑，这种影响甚至越过了英吉利海峡。在英吉利海峡的另一边，许多法国画家仿效透纳后期作品中强烈的抽象现实主义风格，特别是仿效他的大气海洋图。例如，法国现实主义画家居斯塔夫·库尔贝（Gustave Courbet）于 19 世纪五六十年代在诺曼底度过了夏天，从那时起他对海岸景色产生了浓厚的兴趣，他为自己创作的空无一人的海天景色创造了一个明显用于形容透纳画风的词，他称之为"海洋景观"。他在海滩上作画，在室外写生，并凭借一系列油画取得了巨大的商业成功，他声称自己的每幅油画都是在几个小时内就被卖掉了。然而，1868 年他的经销商破产，他的境况也发生了逆转，"经销商欠我 25 000 法郎，那是我画的那 25 幅特鲁维尔海景画的报酬，另外我还曾借给他 5 000 法郎现金"[21]。

　　库尔贝的海景画分为两大类——海洋类和波浪类，而且这些画还常配有相应的标题。海洋系列油画有几十幅留存了下来，这些油画创作于 1865 年到 1866 年，描绘的往往是阴云密布的天空下大海退潮时的平静（见图 5-6）；库尔贝用调色刀涂抹的水平条纹不仅与永在的地平线保持适当的距离，而且也能表现出抽象的意味。相比之下，波浪系列则聚焦于波峰这一主题（见图 5-7），罗斯金早些时候曾把描绘波浪的剧烈翻滚称为艺术上最大的挑战。博物馆馆长夏洛特·艾尔曼（Charlotte Eyerman）表示，库尔贝"深刻地意识到波浪就像液体雕塑，产生于水、空气和陆地的交汇处"，他的近景波浪画成功地捕捉到了海洋永不停息的运动与其能量之间的矛盾，以及海洋的表面体积与其重量之间的矛盾。[22]

图 5-6　居斯塔夫·库尔贝于 1865 年创作的布面油画《大海》（The Sea）

注：库尔贝在 19 世纪六七十年代成为一位近乎狂热的海洋画家，创作了数十幅诺曼底海岸的风景画。

图 5-7　居斯塔夫·库尔贝于 1870 年创作的布面油画《水龙卷》（The Waterspout）

注：在这幅画中，库尔贝在他熟悉的波浪主题中加入了气象学元素。

作家莫泊桑于 1869 年到访库尔贝的度假别墅，当时库尔贝正在创作自己最成功的海洋画作之一《海浪》（*The Wave*），该画作于 1870 年完成。莫泊桑仔细观察了库尔贝的绘画过程，并记叙了下来：

> 在一间空荡荡的大房间里，一个又胖又脏、满身油污的男人正用菜刀往一块空白的画布上涂抹白色颜料。他不时把脸贴在窗户上，看着窗外的暴风雨。海水离得如此之近，它似乎要冲进房子，把房子完全淹没在泡沫和咆哮之中。咸咸的海水像冰雹一样拍打着窗玻璃，再顺着墙壁流下来。壁炉台上放着一瓶苹果酒，旁边放着一只半满的玻璃杯。库尔贝时不时地喝上几口，然后再继续创作。这幅作品就是后来在全世界引起轰动的《海浪》。[23]

除了那杯诺曼底苹果酒，这一绘画场景与美国画家温斯洛·霍默作画时的情景非常相似，霍默同时也持久性地对海洋保持着兴趣，在他生命的最后 20 年里，他都在缅因州普劳茨内克画海景，普劳茨内克位于波特兰以南约 30 千米的大西洋沿岸的崎岖地带。

霍默的画室如今是一个国家历史地标，是由一间马车房改造的，可以俯瞰大海，不过，他还在船上建造了一个可移动的画棚，这样即使在恶劣的天气下，他也能靠近大海。东北风肆虐的时候，在户外作画已无可能，他会把小屋搬到东边的岩石上，据一位早期传记作家所说，他待在舒适的小屋里，只要光线和其他条件合适，他就在能俯瞰大海的位置作画。[24] 正是在那里，霍默创作了他最知名的一些作品，包括《炮石》和《东北风》（见图 5-8 与图 5-9），这两幅画都创作于 1895 年，现收藏于纽约大都会艺术博物馆。《东北风》以其呈现的不同寻常的低视角画面将观赏者直接置于迎面而来的波浪中，而且就像库尔贝早期的巨浪画作一样，霍默晚期的杰作成功地传达了大海不可阻挡的力量和无限的能量。

图 5-8　温斯洛·霍默于 1895 年创作的布面油画《炮石》（*Cannon Rock*）

注：霍默 20 年来都在缅因州海岸一间可以俯瞰炮石的画室里画海景。炮石因海浪拍打其底部发出轰隆声以及它独特的形状而得名。

图 5-9　温斯洛·霍默于 1895 年创作的布面油画《东北风》（*Northeaster*）

注：这幅画以不同寻常的低视角将观赏者直接置于迎面而来的波浪中。

　　除了欧美艺术，波浪作为绘画主题也一直是日本艺术的一大特色，葛饰北斋约于 1830 年创作的彩色木版画《神奈川冲浪里》如今是世界上被临摹最多的艺术品之一（见图 5-10）。这幅画描绘的是，在日本关东地区的南部海域，一股巨浪即将吞噬三艘高速渔船，透过巨浪的波谷可以瞥见远处看似渺小的富士山。这幅画为富士山这一日本的国家象征提供了一个不同寻常的观察视角：人们从海上航行的船只上看到了孤立的大陆景观。

图 5-10　《神奈川冲浪里》(*Great Wave off Kanagawa*)

注：这幅手工着色的木版画，现已成为世界上人们最熟悉和临摹最多的画作之一，这幅画是葛饰北斋约于 1830 年创作的《富岳三十六景》(*Thirty-six Views of Mount Fuji*) 中的一幅。

法国艺术评论家埃德蒙·德·龚古尔 (Edmond de Goncourt) 为葛饰北斋在欧洲建立声誉做出了巨大贡献，他在 1896 年写道："《神奈川冲浪里》将大海神化了，这部作品由一位生活在宗教般恐惧中的画家所作，他的国家四面环海，他害怕汹涌的大海从四面八方淹没他的国家"，他把汹涌的波浪比作捕食者的利爪，扑向无助的船只。[25] 当海水向左奔涌时，海浪本身向右卷回，浪花泡沫落下时就像雪花落在远处的富士山上一样。

近年来，葛饰北斋描绘的巨浪经常被误解为海啸，虽然地震引起的海啸在日本沿海地区屡见不鲜，如 2011 年 3 月引发福岛核灾难的海啸，但葛饰北斋的版画描绘的并不是海啸逼近海岸的情景，而是海上爆发的巨大风暴浪，风暴浪的前端出现了一个较小的波峰，这暗示着海风吹起的波浪和波谷会不断交替出现。[26]

　　许多艺术家把海洋作为他们的主要关注点，不过，即使篇幅允许，本书也只能列出一二（见图 5-11），[27] 但如果本书不提及圣艾夫斯画派（St Ives School），那就是我的疏忽了。

（a）尾形光琳于 1704 年到 1709 年创作的《波涛图》（*Rough Waves*）

注：画面中波涛汹涌的大海是尾形光琳用墨水和金箔画在两扇日式折叠屏风上的。

（b）阿尔伯特·平卡姆·莱德（Albert Pinkham Ryder）于 1900 年创作的《乌云之下》（*Under a Cloud*）

图 5-11　画家笔下的大海

　　圣艾夫斯画派是由欧洲艺术家组成的一个松散的团体，他们于 20 世纪初至 20 世纪中叶来到西康沃尔，通过以不同形式展现这片海岸景观的形状和色彩来反映他们对抽象艺术的兴趣（见图 5-12）。从阿尔弗雷德·沃利斯（Alfred Wallis）描绘的民间捕鱼情景，到后来特里·弗罗斯特（Terry Frost）或帕特里克·赫伦（Patrick Heron）的海水抽象画，这些艺术家的大部分作品描绘的都是临近蓝色大西洋的景观。对于 1939 年搬到圣艾夫斯的雕刻家芭芭拉·赫普沃斯（Barbara Hepworth）来说，大海是永恒的主题。例如，她于 1958 年创作的青铜雕塑《海的形式》（*Sea Form*），这座雕像弯曲的形状就像从海浪中挣脱出来的海螺壳，也像她每天海边散步时捡到的贝壳。而她于 1947 年创作的弯曲有致的半彩绘雕塑作品《彭杜尔》（*Pendour*），实际上是用从圣艾夫斯海岸向西 9 000 千米的彭杜尔湾海滩上捡来的一段刨木雕刻而成的，该作品现在坐落于华盛顿。

图 5-12　雕刻的波浪

注：米切尔·豪斯（Mitchell House）创作的冷铸树脂雕塑。该雕塑刻画的是在 1897 年 1 月的一场暴风雨中，诺福克郡的谢灵厄姆救生艇营救挪威双桅帆船伊斯波伦号（Ispolen）上船员的情景。

赫普沃斯这样描述她现在已成为博物馆的崖顶工作室："放眼望去，可以直接看向大海。"最后一次接受采访时，她描述了自己在花园干活时俯瞰海浪所看到的情景：大西洋巨浪涌上圣艾夫斯海岸，在下面的海滩上形成各种造型。她回忆道："大海渐渐缩小成一个平面，并放射出无数种颜色，包括蓝色、灰色、绿色，甚至是奇异的粉色。潮水涨落时在泛白的花岗岩沙滩上形成的造型就像一幅奇异而美妙的书法作品。"[28]

相机中的大海

19 世纪中期摄影技术的诞生，使人们以一种全新的方式关注大海、记录大海（见图 5–13）。像画家一样，静物摄影师也被如何呈现流动的海水这一挑战所吸引，于是这一主题成为早期摄影杂志的常见话题。如 1884 年发行的《业余摄影师》（*Amateur Photographer*）杂志，该杂志的编辑弗朗西斯·莫蒂默（Francis Mortimer）记录了他对"拍摄巨浪"日益增长的热情。1903 年发表的一篇文章描述了他拍摄风暴海浪的方法，这个方法虽然有些风险，却是他精心设计的：他穿着油布雨衣，戴着防雨帽，身上绑着绳子，双手紧握相机，向来袭的海浪靠近，此时他的同伴牢牢抓住绑着他的绳子的另一端。[29] 还有些时候，就像透纳一样，他把自己拴在颠簸的船的桅杆上，用相机捕捉他所谓的波景（wavescape），即艺术摄影师想象中的波涛汹涌的大海，而他的盒式相机则被层层油布和矿脂保护着。

海洋和海岸线是早期摄影作品中常见的主题（见图 5–14），因而在维多利亚时代和爱德华时代，当肖像摄影师在人头攒动的海滩上进行拍摄时，一种新兴职业应运而生。海边摄影师携带着移动暗房，可以在短短几分钟内为坐在沙滩上的人拍摄海滩肖像照，无论采用玻璃干板照相法（在玻璃干板上制成正像）还是铁板照相法（在搪瓷铁板上直接制成正像），他们都能制造出一种近乎即时的新型照片，即以海滩为背景的假日快照，这强化了人们关于海滨是及时行乐之所的想法。[30]

图 5-13　海景摄影

注：法国画家兼先驱摄影师古斯塔夫·勒·格雷（Gustave Le Gray）将海景摄影转变为一种艺术形式，拍摄了许多生动的照片，如 1857 年拍摄的《塞特岛的巨浪》（*The Great Wave, Sète*）。这张法国地中海海岸的照片是一张合成照片，其中风暴云和汹涌的大海出自不同的底片。

图 5-14　相机中的海洋

注：弗朗西斯·贝德福德（Francis Bedford）于 19 世纪 70 年代拍摄的里尔，这张照片是用玻璃底片拍摄的蛋白银版照片，拍摄于被拆除后的码头。

　　19 世纪 90 年代电影问世时，事实证明，就像海洋对静物摄影师具有吸引力一样，海洋对早期电影制作者同样具有吸引力。英国电影协会关于维多利亚时代电影的收藏中，有一个"海浪电影"的类别，该类别中包含的电影数量十分可观，而且许多都可在线观看。英国电影协会的网站这样评论道："海浪电影可能是早期电影中最令人吃惊的一类电影。但对于维多利亚时代的观众来说，这些展现海洋运动相关研究的短片令人昏昏欲睡。"[31] 这些短片大多拍摄于 19 世纪 90 年代末，展现的是固定摄像机拍摄的海洋的各种状态，例如 1895 年拍摄的《狂暴的大海》（*Rough Sea at Dover*）以及 1898 年在西萨塞克斯郡沃辛海滩拍摄的风格温和的《涨潮》（*Incoming Tide*）。电影中的这些镜头利用了动态电影的新技术，体现了人们对海洋运动本身的深入思考，与以静态画面展现"波涛汹涌的大海"这一摄影流派形成了鲜明的对比。固定摄像机适用于拍摄海浪的起伏，因为海浪的运动在静态箱前展开时，拍摄者无须调整焦距。

路易斯·卢米埃尔（Louis Lumière）于 1895 年拍摄的《出港的船》（*Barque Sortant du Port*）是最早的电影短片之一（见图 5-15），这部电影短片也采用了固定摄像机的拍摄方式。在这部电影中，一群妇女和儿童在码头上为乘坐小船出海的 3 名男子送行，小船在起伏的海浪中颠簸摇晃，渐行渐远，驶入了波涛汹涌的大海。电影史学家埃里卡·鲍瑟姆（Erika Balsom）这样描述这一场景："随着巨浪袭来，他们随着船只向左倾斜，随后银幕突然变黑，他们命运未卜。"鲍瑟姆认为这部电影既展示了海洋，也展示了拍摄者的摄影技术；"将大海的敌意和镜头的变换结合在一起"，试图展示人类被大海吞噬的场景。[32]

图 5-15　《出港的船》

注：路易斯·卢米埃尔于 1895 年拍摄了一部 46 秒的短片《出港的船》，在这部短片中，一艘小船冒险驶入波涛汹涌的大海。

在接下来的一个世纪里，电影制片人拍摄了各种各样展现海洋的电影，有海洋冒险和探险类的电影，如约翰·福特（John Ford）的《海底世界》（*The Seas Beneath*，1931）、迈克尔·柯蒂兹（Michael Curtiz）的《海狼》（*Sea Wolf*，1941）；有展现科学局限性的超自然类电影；还有低成本的电影，如罗伯特·戈登（Robert Gordon）的《深海怪物》（*It Came from Beneath the Sea*，1955）、罗杰·科曼（Roger Corman）的《大战螃蟹魔王》（*Attack of the Crab Monsters*，1957）；还有豪华大制作电影，如詹姆斯·卡梅隆的《深渊》（*The Abyss*，1989）、乔·德特杜巴（Jon Turteltaub）的《巨齿鲨》（*The Meg*，2018）。在《巨齿鲨》中，人们在马里亚纳海沟温跃层下发现了一个迄今未知的深海层，那里潜伏着一只体长 25 米的巨齿鲨，而这种巨齿鲨实际上已经灭绝了近 400 万年。

这种海洋生物类电影仍旧大量沿用雅克·库斯托（Jacques Cousteau）于 20 世纪五六十年代开创的水下纪录片风格，这种风格在他与路易·马勒（Louis Malle）于 1956 年共同执导的奥斯卡获奖电影《沉默的世界》（*The Silent World*）以及他于 1964 年执导的以海底为主题的后续电影《没有太阳的世界》（*World Without Sun*）中尤为突出。

《没有太阳的世界》这部电影记录了库斯托的"大陆架站"项目，该项目是他首次认真尝试创建一个海底研究环境，海底的作业者可以长时间在这样的环境中生活和工作。库斯托在第二次世界大战期间曾是一名海军教官，他曾试验过一种便携式水下呼吸装置，并于 1946 年与他人共同申请了"水肺"（aqua-lung）的专利，水肺是世界上第一个商用水肺型潜水设备。他随后发明了防水相机盒，同时使用水肺和防水相机盒可以长时间在水下进行拍摄，因此 1952 年他在红海潜水时拍摄了有史以来第一部深水彩色电影片段。在接下来的半个世纪里，库斯托驾驶着卡利普索号（Calypso）环游世界，卡利普索号是一艘退役的海军扫雷艇，他将其改装成一个水上实验室和电影制片厂，在这艘扫雷艇上，他创作了关于海底世界的系列获奖图书、电影和电视节目，同时宣传了他雄心勃勃的大陆架站项目。

　　事实上,在库斯托之前,有人曾尝试过建立水下摄影工作室。20世纪30年代末,英国发明家兼电影制作人约翰·欧内斯特·威廉姆森(John Ernest Williamson)设计了"光球"(photosphere),即一种连接在柔软的金属呼吸管上的潜水舱。借助这个潜水舱,他在世界各地的许多地方开创了海底摄影和电影制作的先河。1939年,威廉姆森把自己设计的深海潜水舱儒勒·凡尔纳号(Jules Verne)停泊在巴哈马群岛拿骚港附近的海底,在获得了巴哈马当局的许可后,他开始发行"世界上第一个海底邮局"的邮票,以此来增加收入。威廉姆森的邮局有自己的邮戳盖印机,他用这台机器将如今极具收藏价值的"巴哈马海底"邮戳盖在印有图案的信封上,并把这些信封作为纪念品卖给参观光球的游客(见图5–16)。后来的战争可能限制了威廉姆森的研究活动,但海底生活的理念仍旧吸引着无数研究人员,包括雅克·库斯托以及20世纪60年代的海底实验室计划(Sealab)的建造者(见图5–17)等。海底实验室计划因其含9名研究人员的3号实验室在距加利福尼亚海岸190米处发生致命泄漏后被废弃。

图 5–16　约翰·威廉姆森海底邮局的纪念信封

注: 信封上面盖着"1940年5月6日,巴哈马海底"的邮戳。《迈阿密新闻》(*Miami News*)1939年12月31日的一篇报道称,光球这个装置是"拿骚游客的圣地,他们可以乘坐光球旅行,观赏巴哈马群岛丰富多样的海底生物以及美丽的海底珊瑚和植物群"。

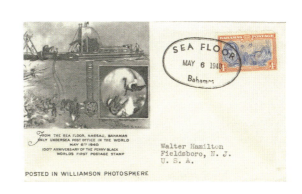

　　战后的海事电影常把海洋描绘成敌人或敌人的巢穴,如查尔斯·弗伦德(Charles Frend)的电影《沧海无情》(*The Cruel Sea*, 1953)、迪克·鲍威尔(Dick Powell)的电影《海底喋血战》(*The Enemy Below*, 1957)。这种敌对的态度一直延续到了近些年拍摄的电影中,如 J. C. 尚多尔(J. C. Chandor)的电影《一切尽失》(*All Is Lost*, 2013)。在这部电影中,主角的帆船在印度洋上与一只漂流在

海上的集装箱相撞，他只能在无情的海浪中挣扎求生，过往的集装箱船并没有发现这艘受损船只，这艘船在"集装箱资本主义"的商业海洋中漂流着——"集装箱资本主义"商业海洋与海洋本身一样，对人类的困境漠不关心。不过尚多尔并不是唯一一位在银幕上将海洋呈现为无情形象的导演。电影历史学家托尼·托马斯（Tony Thomas）表示："海洋只是一个平面和一个地平线，它是永恒的。"他认为，在海上拍摄的任何电影都会因其威严的形象而发生变化。[33] 海洋本身的性情不仅会影响电影的拍摄过程，也会影响最终的电影成品，这与早期拍摄的大多数航海电影不同。

图 5-17　海底实验室 1 号

注：美国海军的实验性水下加压舱"海底实验室 1 号"（Sealab 1）的工作人员于 1964 年 7 月在百慕大群岛附近的水下待了 11 天，之后一场热带风暴迫使他们离开水下环境。这个海底实验室目前在佛罗里达州的海中人博物馆（Man in the Sea Museum）展出。

　　早期的航海电影都是利用摄影棚里的水箱拍摄的，如劳埃德·培根（Lloyd Bacon）的《白鲸记》（*Moby Dick*，1930）、迈克尔·柯蒂兹的《海狼》。关于在海上拍摄电影时遇到的实际困难，前面的章节中都有所提及，如《大白鲨》《白鲸记》等电影，拍摄团队在海上拍摄时都遇到了困难。波兰导演杰兹·斯科利莫夫斯基（Jerzy Skolimowski）回忆了他在 1985 年拍摄电影《灯船》（*The*

Lightship）时的经历，这部电影拍摄于丹麦附近的海域，是一部哥特式的海上电影。在自动浮标时代，能正常运行的灯船本身就很少，因而这部电影的拍摄地点取决于灯船所在的位置。斯科利莫夫斯基谈到，他在海上拍摄的每一个警世故事都是真实的，拍摄细节对演员性情的影响尤其真实。与拍摄电影《大白鲨》时一样，幽闭恐惧症和晕船的双重打击对演员和剧组工作人员都产生了可怕的影响，斯科利莫夫斯基将整个经历形容为噩梦。他还指出，他是少有的在海上拍摄过两部电影的导演。[34]

海洋音乐

1905 年夏天，克劳德·德彪西在伊斯特本的格兰德酒店租了一间房间，这个酒店位于英国安宁而古朴的海滨度假胜地，整个七八月份他都待在这里。当时他正在与第一任妻子闹离婚，同时还在为《大海》（*La Mer*）这部交响乐谱曲，《大海》后来成为他最著名的作品之一（见图 5-18）。德彪西发现，伊斯特本"是一个宁静而迷人的地方，面前的大海具有地道的英伦风情……这个地方太适合工作了！"[35] 亲近大海似乎使他注意力更加集中，但在创作的早期阶段，德彪西却拒绝去海边，更喜欢根据儿时去蔚蓝海岸和布列塔尼旅行的经历，从对大海的模糊记忆和想象中汲取灵感。在 1914 年的一次采访中，他解释道："我对大海的痴迷程度几乎使我失去了创造力。"德彪西在采访中详细阐述了自己与《大海》的主题之间具有的矛盾关系："直接面对着这个伟大的蓝色海洋，我没写出一页乐谱，我的交响乐三重奏《大海》全部是在巴黎创作完成的。"[36] 这种说法并不正确，因为事实上，德彪西在创作《大海》的两年时间里经常搬家，1904 年他曾在海峡群岛逗留了 3 周，还在迪耶普的海边度过了一个夏天。他原本打算在迪耶普的海边完成这首乐曲，结果却在管弦乐编曲方面遇到了困难，对此他说这"就像大海本身一样纷乱多变"。[37]

LA MER

right by A. Durand & Fils, 1905

图 5-18　《大海》乐谱封面

注: 德彪西选用葛饰北斋的画作《神奈川冲浪里》中的局部画面作为 1905 年出版的《大海》乐谱的封面,
并声称它们使封面上的波浪闪闪发亮, 对此他很满意。

在迪耶普海边时，德彪西对乐曲的结构进行了大幅修改，最终确定了 3 个内容的乐章：《海上的黎明到中午》（*From Dawn to Midday on the Sea*）符合交响乐的传统开场乐章；《海浪的嬉戏》（*Play of the Waves*）呈现了一组错综复杂但相互关联的主题；《风与海的对话》（*Dialogue of the Wind and the Sea*）大致采用了回旋曲的形式。音乐学家卡罗琳·波特（Caroline Potter）认为，德彪西采用大量表现水的装饰音来避免曲子单调，这些装饰音可归为音乐拟声词，它们能使人感受到波浪摇摆运动，让人联想起浪花飞溅时产生的劈劈啪啪声；同时又避开瓦格纳和舒伯特使用的已经过时的琶音三和弦，这些装饰音成为表现海水嬉戏的标准音乐手段。[38]

《大海》于 1905 年 10 月 15 日在巴黎进行首演，演奏者将这首乐曲演绎得像是一幅画，因为这首乐曲的管弦乐效果是通过"一系列声音和巧妙的笔法来实现的，这些笔法旨在以少有的带有绚丽色彩的渐变来表达光影的变化以及变幻莫测的海景的明暗对比"。[39]然而首演并不成功，而且第二天报纸上登载的一篇评论深深刺痛了德彪西。在这篇评论中，著名评论家皮埃尔·拉洛（Pierre Lalo）抱怨说，在《大海》这首乐曲中，"我既听不到大海、看不到大海，也闻不到海水的味道"。于是德彪西给拉洛写信称："我爱大海，我怀着对它应有的热情和敬意聆听它的声音，如果我没有准确传达它给我的感受，那既不是我的问题，也不是你的问题。"[40]

但没过多久，《大海》就成为管弦乐队的最爱，这是一首令人舒缓的音乐作品，就像布丹或莫奈的海景画一样，伊斯特本也因此音乐而闻名遐迩。1911 年，出生于布莱顿的作曲家弗兰克·布里奇（Frank Bridge）来到伊斯特本，在这里完成了自己的海洋组曲《大海》（*The Sea*），这又激发阿诺德·巴克斯（*Arnold Bax*）于 1919 年在康沃尔海岸逗留期间创作了交响诗《廷塔杰尔》（*Tintagel*）。《廷塔杰尔》这部作品旨在展现"廷塔杰尔城堡式悬崖的色调印象"，尤其是巴克斯从悬崖上看到的大西洋的辽阔景象。[41]巴克斯的大部分作品都是反映大海的，他于 1930 年创作的《第四交响曲》(*Symphony No.4*) 的序曲被称为"海洋交响曲"。据巴克斯说，这部序曲的"创作灵感来自在阳光明媚的日子，大海涨潮时的波涛汹涌"。而在巴克斯于 1935 年创作的《第六交响曲》(*Symphony No.6*) 的序曲中，听众可以通过倾听音乐旋律来感知海景，这种旋律类似于他在另一部海洋作品《梵德花园》(*The Garden of Fand*) 的序曲中对海洋的刻画。[42] 对巴克斯来说，海洋不仅仅是研究凯尔特文化的人关注的主题，也是他音乐生涯的一部分，他花了很多时间待在多尼戈尔海岸的一间小屋里与大海交流：

> 冬天，我常常待在窗前，看着大西洋在西南风暴中无情地咆哮，由于太过痴迷，根本无法坐下来安心工作。小格伦湾的一端是一片布满黑色岩石的荒野……在这恐怖的悬崖上，海浪轰鸣着、冲击着，像火山喷发般，把令人炫目的泡沫抛上云霄，狂风将这些高耸的泡沫吹向内陆，去扑灭农舍壁炉里的火……大海的狂暴有时几乎令人难以置信。[43]

巴克斯后来声称，他临终前想看到的景象是暮色中静谧、深沉、神秘的蓝灰色大西洋。然而这一愿望最终没能实现，巴克斯在科克市逗留期间意外身亡。

对威尔士作曲家格蕾丝·威廉姆斯 (Grace Williams) 来说，大海也是一个很重要的主题。威廉姆斯于 1906 年出生于海滨小镇巴里，她在 1944 年创作的知名乐曲《海洋速写》(*Sea Sketches*) 的献词中写道，她的父母"非常明智地选择居住在格拉摩根郡的海边"。[44] 她在皇家音乐学院的同学兼朋友伊丽莎白·麦康基 (Elizabeth Maconchy)，在刚与威廉姆斯成为朋友的时候，就发现了威廉姆斯在这方面的音乐禀赋。她在 1934 年 1 月写给威廉姆斯的一封信中写道："希望你在度假时能遇上好天气，能去海边待会儿。我觉得你属于大海。"[45]

威廉姆斯在她的整个职业生涯中创作了许多以海洋为主题的作品，但只有《海洋速写》经久不衰。这首乐曲由五个弦乐乐章组成：《狂风》(*High Wind*)、

《船歌》（*Sailing Song*）、《航海汽笛》（*Channel Sirens*）、《波浪》（*Breakers*）和《夏日静海》（*Calm Sea in Summer*），这五个乐章生动描绘了"处于不同情绪状态中的大海"。威廉姆斯的第一位传记作者马尔科姆·博伊德（Malcolm Boyd）这样描绘道："《狂风》中的阵阵狂风和《波浪》中的汹涌波涛都给人们强烈的暗示；《航海汽笛》特别引人入胜，中提琴和大提琴不断发出苍凉的雾笛声，上弦发出朦胧的和弦音。"[46]

在 1945 年完成这部作品后不久，威廉姆斯曾写道："我不想待在伦敦，我只想回家，在海边舒适地生活。"这个愿望很快就实现了，她搬到了威尔士的沿海地区，据她后来回忆，她当时每天都在海边散步一小时。[47] 1970 年，英国室内乐团录制了《海洋速写》，英国广播公司有时用这首乐曲作为节目之间的过渡音乐，或作为海洋故事的背景音乐。之后，威廉姆斯对新的音乐制作技术产生了浓厚的兴趣，她曾在 1972 年表示，她打算学习电子音乐，以探索反映海洋声音的新方法：

> 我觉得这个想法可能源于最近对海洋声音和节奏的认识，这种认识比以往任何时候都更深刻。但我不想使这些声音失真，如果我把这些声音输入合成器（或叫什么都行），我不知道最真实的立体声是否能再现环绕大海的开放空间的声音。如果可能的话，再加上中提琴、中音长笛或遥远的空灵声音，可能就会令人振奋了。[48]

威廉姆斯当时已经年过六十，她没有继续创作梦想中的海洋电子乐，但后来的几代音乐人都成功地创作了海洋电子乐。例如，英国电子乐队莫奇芭（Morcheeba）1998 年的专辑《万籁俱寂》（*Big Calm*）中的《大海》（*The Sea*），它梦幻般地再现了海岸线的声音；还有总部位于布莱顿的独立乐队英国海之力量乐团（British Sea Power），其首张专辑的名称取自海事学界的经典著作，即德斯蒙德·韦特恩（Desmond Wettern）于 1982 年出版的《英国海权的衰落》（*The*

Decline of British Seapower）。该著作主张，在战后缩减海军规模的情况下，应保留一支强大的常备海军以备海防的不时之需（见图 5-19）。韦特恩哀叹道，政客和公众认为，海军军官把时间都花在"一轮又一轮的鸡尾酒会上，酒会间隙才悠哉悠哉地去巡航"。这本书出版后一周马尔维纳斯群岛战争就爆发了，该战争进一步验证了韦特恩的观点。[49]

图 5-19　布里斯托尔湾兰迪岛上历史悠久的海防炮台

船夫号子

表现宁静海岸的印象主义作品《大海》以及类似的作品，与海上劳动者创作和表演的各种音乐截然不同，后者如源于商船生活的民谣和船夫号子。海上船夫号子的复杂分类说明了海洋作为一种任务场景的悠久历史，在这种任务场景中，歌曲和唱声与特定的体力劳动相对应。大多数船夫号子是在没有音乐伴奏的情况下，由完成特定任务的船员喊唱出来的（见图 5-20）。

船夫号子主要按任务类型分类，其中的三个主要类别为：拖运号子、升降号子和特殊场合号子。不同的任务类型决定了相关歌曲的特定节奏、节律、结构和持续时间。

图 5-20 船夫号子

注：乔治·克鲁克香克于
1825 年创作的蚀刻作品《海
上周六夜》（*Saturday Night
at Sea*）。画面中一位歌手
在无伴奏的情况下为水手们
唱歌助兴。

　　船夫号子的主要类型，即拖运号子和升降号子，显然促成了特定的任务安
排。例如，拖运号子有四种类型：**长拖运号子**，水手们通常在船上升起最大最
重的帆时，以及长时间划船时喊唱；**短拖运号子**，水手们在船上升起上桅帆和
顶桅帆等相对较高、较小的帆和帆脚索时喊唱；**收帆号子**，水手们在收帆和叠
帆时喊唱；**手拉手号子**，是在升起三角帆或其他小帆时喊唱的短号子。[50] 最著名
的船夫号子是《我们该如何对待酒醉的水手》（*What Shall We Do with a Drunken
Sailor*），这个号子最初是水手们在操作升降索时喊唱的手拉手号子，其令人难
忘的节奏和节律是由水手们的工作性质决定的。水手们重复性的任务有时可能
需要数小时才能完成，由此船夫号子往往具有开放性，如 19 世纪 60 年代首次
录制的《把他打倒》（*Blow the Man Down*），人们可以修改和即兴创作其中的主
唱和齐唱部分，整首歌的时间长度也不受限。

　　《把他打倒》曾出现在尤金·奥尼尔（Eugene O'Neill）于 1918 年创作的独
幕剧《加勒比斯之月》（*The Moon of the Caribbees*）中，这部剧是以英国不定期
航船为背景的四部短剧之一，后来于 1924 年被合并成一部完整的戏剧《格伦
凯恩号》（*Glencairn*），并在第二次世界大战期间被改编为电影《归途路迢迢》
（*The Long Voyage Home*），由导演约翰·福特执导，于 1940 年上映。在这部剧中，
这艘不定期航船停泊在一个不知名的加勒比海岛附近，有天晚上，水手们坐在甲

板上无所事事，无聊之余，他们请求一位年长的水手德里斯科尔唱首号子："德里斯科尔，唱首船夫号子吧，唱首我们大家都知道的号子。"对此，这位爱尔兰人反驳说，如今的水手都不知道古老号子的歌词，"你们听说过这些号子的名字，但你们注意过这些号子的曲调、知道这些号子的歌词吗？海上几乎没有一个知道这些的水手了，真是太可惜了"。[51] 然后一个水手接着说道："那就来一曲《把他打倒》吧，我们都知道这首号子。"于是德里斯科尔就唱起这首号子来了，在没有伴奏的情况下，所有的水手都唱了起来：

———～———

> 德里斯科尔：当我漫步在天堂街——
>
> 所有人：噢，把他打倒！
>
> 德里斯科尔：当我漫步在天堂街——
>
> 所有人：早晚把他打倒！
>
> 齐唱：把他打倒，伙计们。噢，把他打倒！
>
> 噢，把他打倒！
>
> 当我漫步在天堂街——
>
> 早晚把他打倒！ [52]

———～———

正如奥尼尔剧中尚未喝醉的水手们所展示的那样，这是一首著名的拖运号子，其歌词甚至描述了这样的情景：一场突如其来的大风将一艘战舰的上桅帆卷起，并将其吹入水中。德里斯科尔承担的角色是领唱，这反映了传统船夫号子的本质是呼唤和回应，领唱都是由参与歌唱的水手自主选定的。

相比之下，升降号子是当水手操作绞盘或起锚机时，或在起锚、装载货物或操作泵时喊唱的，水手完成这些任务也可能需要数小时。与拖运号子不同，升降号子有时会有伴奏，小提琴手或手风琴手会站在绞盘上，而水手们随着音乐的节奏及时推进或拉回。升降号子比较长，其特点是，歌词是即兴创作的民谣式歌词，而且齐唱部分的歌词在两句或两句以上。就像 18 世纪流行的民谣《西班牙女人》（*Spanish Ladies*），或 19 世纪 60 年代首次录制的起锚歌曲《驶向外埠》（*Outward Bound*）那样，升降号子带着规律的起伏节奏和欢快的送别曲调：

独唱：我在西印度群岛码头与你们告别，

　　　与可爱的萨尔和迷人的苏告别；

　　　我们的船已起锚，我们的帆已在风中飘，

　　　我们必然要航行于海上。

齐唱：因为我们要驶向远方，乌拉！我们要驶向远方！ [53]

到 19 世纪末，蒸汽机问世，船上大多数工作也实现了机械化，船夫号子随之消亡，唱歌不再是海上辛苦劳作时必做之事。但在接下来的一个世纪里，船夫号子因人们的怀古风尚而得以重生。如今，大多数船夫号子在陆地上而非海船的甲板上传唱着。船夫号子通过音乐与曾经的航海文化短暂联系起来，作为一种生活方式，被保存在人们早已记忆模糊的歌曲和故事里，讲述着无边无际的大海那令人生畏的壮丽：生活在那里停止，未知在那里开始。

章末总结

海洋艺术

　　海洋对艺术家而言是种考验，因为海洋复杂难解、变幻莫测。人类早期表现大海的方式比较简单和原始，主要以波浪线与蓝绿色漩涡来示意。后来，艺术家更倾向于以写实主义来表现海洋，比如透纳、库尔贝等艺术家的海洋作品。19 世纪中期摄影技术诞生以后，人们开始用这种新的方式去表现海洋。与画家一样，摄影师也面临着如何在静态作品中表现永恒运动的海洋这一困难，而他们也像画家一样，为了达到自己的艺术目的，甚至不顾生命安全，只为尽可能贴近真实的海洋。除了视觉艺术，海洋也是音乐的表现对象，甚至船夫号子里也蕴藏着人类对于海洋的记忆。

你们的纪念碑、战役、烈士如今何在？

你们的部落记忆何在？先生们，

在那灰暗的穴窟。大海。

大海已将它们锁住。海洋便是历史。

选自德里克·沃尔科特（Dereck Walcott），1978

《海洋便是历史》

The Sea ls History

海洋的未来

阿根廷有一个民间故事，故事的主
人公是一位来自布兰卡港的年轻渔民，
他在自己的海湾水域里养殖牡蛎。这位
年轻的渔民知道，海星以牡蛎为食，所
以每当他撒网捕到一只海星时，就把海
星撕成两半，扔回海里。但他不知道的
是，许多海星即便被撕成两半也不会死
亡；相反，海星的每个部位都能自我再
生。因此，年轻的渔民每捕获并撕裂一
只海星，海里就会再生长出两只海星
（见图6-1）。随着时间的推移，他开
始纳闷，为什么他的水域里有那么多海
星，而牡蛎却很少，直到一位睿智的年
长渔民告诉他海星有再生能力。从那天
起，他就不再管海星了。[1]

图6-1 一只蓝海星栖息在澳大利亚大堡礁
的硬珊瑚上

　　这是一个关于无知和缺乏经验的故事，一个关于意外效应法则的故事，但这更是一个环境保护方面的颇具预见性的教训。由于几十年的过度捕捞，海洋生物资源已经严重枯竭。如今，世界上 1/3 的鱼类正遭受过度捕捞的威胁，被捕捞的数量已超出了这些种群的繁殖极限。例如，大西洋蓝鳍金枪鱼被捕捞到几乎灭绝，自 20 世纪 70 年代以来，其数量减少了 80%，这与海鲈鱼、鮟鱇鱼和橙鲷鱼等许多受欢迎的食用物种的命运相同。到 20 世纪末，商业船队的工业捕捞使全球海洋里的大型鱼类的数量减少到工业化前的 10% 左右。现今，高科技渔船的年捕鱼量仅占 19 世纪拖网渔船年捕鱼量的一小部分；然而，人们早在 19 世纪就已经注意到渔获量在下降。从 19 世纪 20 年代起，随着海底拖网捕捞方法的广泛运用（见图 6-2），即人们在海底或略高于海底处拖曳大型渔网（桁拖网）来最大限度地提高渔获量，整个英国和爱尔兰水域内可供商业捕捞的鱼类数量开始减少。与此同时，渔网上采用玻璃浮子取代了较重的木制浮子，这使得渔网尺寸显著增加。

图 6-2　一艘拖网渔船正驶进萨福克郡沃尔伯斯威克港

　　"过度捕捞"一词最早出现于苏格兰渔业委员会于 1850 年撰写的一份报告中，该报告指出，"根据渔民的普遍说法，几乎所有地方的渔船似乎都必须到比以前更远的海域进行捕捞才有所收获"，"对此，我们认为，要么是因为我们一直在捕捞，鱼类改变了自己的活动轨迹，要么是因为海岸附近的渔场被过度捕捞了"。[2]

为了调查此事，英国成立了两个委员会，这两个委员会分别于 1866 年和 1885 年发布了详细的报告，报告得出的结论是，近海鱼类种群明显减少了，这主要是由于深海拖网捕捞活动增加了。鳕鱼等白鱼类海洋生物受到拖网捕捞的影响尤为严重，自 19 世纪 40 年代以来，它们的种群数量显著下降，即便是以种群数量众多而闻名的鲱鱼，即很多民歌中唱到的"银色宠儿"，自人们用工业化拖网捕捞以来，它们的数量也在减少。叶芝在 1886 年所作的诗《老渔夫的幽思》（*The Meditation of the Old Fisherman*）中，以老渔夫的口吻这样哀叹道：

～～～

大潮里再不见旧日的群群青鱼，

可悲呀！看板车上的藤筐响不停，

满载着鲜腥到斯莱戈去。[3]

～～～

近年来，人们在海底进行拖网捕捞时使用加重网来破坏珊瑚礁和牡蛎层，致使北海南部的海床几乎没有了生命，但加重网在 19 世纪之前就已开始使用了。早在 14 世纪 70 年代，拖网捕捞技术就已备受非议，当时有人向英国议会提交了一份请愿书，要求禁止使用一种名为 wondyrchoum 的小型人工拖网。这是一种 3 米宽的木质桁拖网，其加重网的网眼非常小，"无论是多小的鱼，只要进入拖网，就不可能再出去，只能被困网内，等着被取走"：

渔民用前面提到的人工拖网捕获了大量小鱼，可他们不知道该怎么处理这些小鱼，于是用小鱼喂猪，把猪养肥。这一做法给整个英国带来了极大的损失，也破坏了这些地方的渔业。[4]

商业拖网捕捞的主要负面影响是对海洋环境造成破坏，因为渔民使用细孔网捕捞了幼鱼，以及不加区分随意捕捞海洋生物用作动物饲料。令人不安的是，这些负面影响早在 600 多年前就已经出现了。

如今，世界各地通过立法限制使用桁拖网捕鱼，但这些国家的法律只适用于当地领海。在国家管辖范围以外的公海，海底拖网捕捞仍然非常普遍，而且不受监管。世界自然保护联盟于 2004 年发表了一份报告，该报告的结论为：拖网捕捞"对海底山和深海珊瑚生态系统的生物多样性具有极大的破坏性，并可能给这些多样化的生物带来物种灭绝等重大风险"。2006 年联合国收到一项动议，要求禁止在所有水域使用桁拖网捕捞，但各成员国担心这会对其渔业造成经济影响，因此否决了这项动议。[5]

如今，每时每刻都有多达 10 万艘拖网渔船在海上作业，商业捕鱼对海洋生物造成的损害绝不容忽视。因而，除非我们共同改变管理和利用海洋物种的方式，学会尊重海洋生态系统，否则到 21 世纪末，食用野生海鲜可能就会成为遥远的回忆。[6]

过度捕捞并不是海洋生物面临的唯一威胁。2016 年 11 月，一只成年雌性虎鲸被海水冲上苏格兰海滩，研究人员对其进行了尸检，发现它的鲸脂中含有大量化学物质，特别是有毒的多氯联苯。多氯联苯是一种人造化学物质，会对人类和野生动物的健康造成不利影响，如生育能力下降等。自 20 世纪 70 年代以来，大多数国家已经禁止使用多氯联苯，但数百万吨多氯联苯已经流入了世界各大洋，而且已有证据表明，虎鲸这样的顶级掠食者特别容易受到多氯联苯的影响。这些化学物质从螃蟹和软体动物转移到小鱼，再到大鱼，最后进入鲨鱼和虎鲸等顶级海洋掠食者的体内，在食物链中等级越高的海洋生物体内化学物质的浓度也越高。有毒的化学物质与重金属、农药、药品和微塑料等其他遗留污染物一起，威胁着海洋生态系统中所有生物的健康。

地球上的生命一直都依赖海洋的自然生命维持系统，这是因为海洋深水区在地球的排毒过程中发挥着至关重要的作用。在海洋浅水区中，浮游生物和其他微生物通过排泄、脱壳甚至死亡等方式产生有机物质，所有这些有机物质以"海雪"的形式输送到深海。海雪是持续不断飘落的生物碎屑，有些碎屑可能需要数周时间才能到达海底。

"海雪"一词是 20 世纪 30 年代海底探险家威廉·毕比（William Beebe）创造的，它可以将大量的能量从光照充足的透光区转移到黑暗的无光深水区，而且它要么在下落过程中被作为食物吃掉，要么成为富含营养的海底沉积物，这一转移过程被称为"生物泵"。海雪在下落过程中还可以净化海水，它将污水、石油和其他污染物一同拖到海底，将其埋藏在海底数千年。但现在的污染物中微塑料的数量在不断增加，微塑料即直径小于 5 毫米的微小塑料碎片。根据世界经济论坛的数据，每年至少有 800 万吨的塑料、橡胶、聚苯乙烯和玻璃纤维废料不断流入海洋，这些物质在海里被分解成塑料微粒和纳米塑料，其中大多数都是肉眼不可见的，但有些则不然。令人痛心的是，人们发现，海鸟、喙鲸等许多海洋动物饿死，而它们的肚子里塞满了塑料制品，显然这些动物是误将塑料当成了食物。

可是，看不见的塑料微粒同样致命。这些微粒在阳光和波浪的作用下被分解，与天然营养物质一起被食物链底层的浮游动物吃掉。像被吞食的其他化学物质一样，海洋生物在食物链等级中越高，这些微粒甚至是更小的纳米微粒，在它们体内的浓度和毒性也越高。目前已知有数百种海洋生物吞食了这种阻碍生长的塑料微粒，其中包括 70% 的深海鱼类。而在海洋的每个角落都能发现被海风吹来或波浪推来的微粒和纤维，无论是在海面以下数千米处（包括海洋最深处的马里亚纳海沟）挖出的深海沉积物中，还是在北极大片冻结的海冰中，或是在印度洋和太平洋遥远的珊瑚礁上。微塑料一旦进入深水，就会被深海洋流冲入海底，然后聚集在某些地区，形成类似太平洋表面可见的臭名昭著的垃圾带。在某些海域，每平方千米水域中约有 100 亿件垃圾，其中 3/4 是无处不在的塑料垃圾，而且这些垃圾的出现源于各种各样的人为因素。[7]

　　珊瑚礁是受塑料碎屑影响的众多生物之一，它们在清理珊瑚虫上碎屑的过程中，能量消耗殆尽。珊瑚虫是珊瑚用于进食的部分，它柔软且呈海葵状。近年来，珊瑚受到海洋变暖的影响，世界各地的珊瑚白化事件在不断发生。珊瑚白化是指海水温度长时间比正常水平高出 1 ～ 2 摄氏度时，珊瑚就会有所反应，排出生活在自身组织内的微小藻类，然后完全变白。被称为虫黄藻的共生藻类帮助珊瑚通过光合作用产出食物，也正是它们赋予了珊瑚礁耀眼的色彩。珊瑚一旦失去体内的共生藻类，就会面临饿死的危险。例如，2016 年到 2017 年间，由于异常显著的厄尔尼诺现象[1]，澳大利亚大堡礁将近一半的珊瑚发生了持续白化（见图 6-3）。灾难性的白化不仅影响珊瑚本身的生存，也影响着数千种生活在珊瑚礁上的物种的生存，如软体动物和小鱼，以及以它们为食的石斑鱼、鲨鱼和章鱼。长期以来，珊瑚礁一直遭受着众多人为的危害，如被当作纪念品收集、船只抛锚、疏浚排污等带来的危害，但白化是其迄今面临的最严重的威胁。珊瑚礁系统是世界上最大的生物结构，事实证明，它们特别容易受到气温上升的影响，在过去的 30 年里，世界上近一半的珊瑚礁消失了。根据 2016 年发表在《自然科学报告》（*Nature Scientific Reports*）上的一项研究，如果气候变暖继续以目前的速度发展，那么到 21 世纪末，现存的珊瑚礁中 90% 以上都会死亡。[8]

图 6-3　珊瑚白化

注：2016 年到 2017 年，由于海洋温度上升，澳大利亚大堡礁出现大规模白化。珊瑚礁虽占海洋面积的不到 0.1%，却是世界上最丰饶的浅水生态系统，养育着 25% 以上的海洋物种。如果海洋温度继续上升，到 21 世纪末，海洋中 90% 的珊瑚将会白化。

_____

①厄尔尼诺现象是一种自然发生的气候模式，可以使热带太平洋大部分地区的海洋和空气温度异常上升。——编者注

气候变化也是一个影响因素（见图6-4）。随着气温升高，二氧化碳会改变海洋的化学性质和热性质。海洋从大气中吸收的二氧化碳日益增多，同时将人类排放的超过1/4的二氧化碳储存在海洋里。海洋吸收的二氧化碳与海水发生反应，产生弱碳酸。在工业时代之前，溶解在河水中的碱性化学物质被冲入海里，这样就中和了海里自然形成的酸，但如今二氧化碳的排放量已经增加到河水无法承受的程度，最终结果就是海洋逐渐酸化：首先是表面酸化，随后通过混合，向下使海洋深处酸化。如今海洋的酸度比两个世纪前高出约26%。

图6-4　气候变化对生物的影响

注：一群海象爬到白令海为数不多的几块夏季海冰上。

海洋酸化已成为海洋生物面临的最大威胁之一，因为海洋酸度增加会溶解碳酸钙，而碳酸钙是包括珊瑚在内的众多海洋生物形成外壳和骨骼的必要成分。大约2.5亿年前，被称为"大灭绝"的灾难性事件使海洋因强烈的火山活动而酸化，结果大多数海洋生物迅速灭绝。史前事件还会在我们的眼皮底下重演吗？"珊瑚白化曾让我夜不能寐，而如今让我夜不能寐的是海洋酸化，"卡勒姆·罗伯茨（Callum Roberts）在2012年撰写的具有里程碑意义的研究著作《生命的海洋》（*Ocean of Life*）中这样写道：

　　海洋变暖削弱了珊瑚和藻类在阳光下的联盟，从而破坏了世界各地的珊瑚礁，而海洋酸化又给了濒危的珊瑚礁致命一击。自冰河时代结束以来，珊瑚礁就一直很繁盛，但在100年的时间内，人类可能会导致珊瑚礁的灭绝，一想到这就令人不寒而栗。[9]

罗伯茨的结论很明确，但显而易见的是，自然界面对着一场灾难，因为自然界需要承受猖獗的人类活动所带来的巨大压力（见图6-5）。而且，关于海洋环境的预测结果也令人不安：除了珊瑚数量减少，海草草甸也在以越来越快的速度消失，而且为了沿海开发或给工业化养虾场让路，红树林遭到了砍伐，红树林沼泽因此也在消失。在过去的几十年里，氮和磷从肥沃的农田流失，流入海里，致使藻类生长繁盛，而藻类死亡和腐烂时，会从海水中吸收所有可用的氧气，进而使其他生物无法在污染区域生存，导致沿海死区规模增大、数量增加。与此同时，

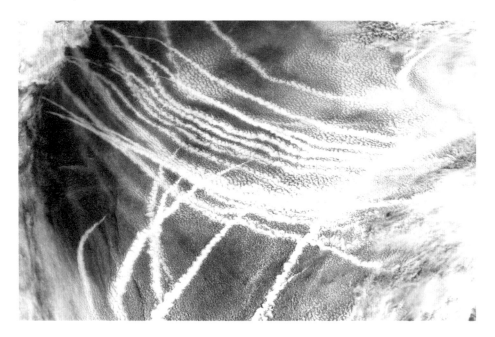

图6-5 人类活动给海洋的巨大压力

注：2009年，美国国家航空航天局（NASA）的泰拉卫星（Terra）拍摄到的北太平洋上的船舶轨迹，这些轨迹出自船舶发动机的废气，相当于海上的飞机尾迹。

过度捕捞也给世界各地的渔业造成了毁灭性的影响。例如，20 世纪 50 年代美国沙丁鱼产业崩溃，而其曾是西半球最大的渔业；1992 年发生了大浅滩灾难，在这场灾难中，大西洋西北部的鳕鱼渔业因过去几十年的无节制开采而彻底崩溃[①]。而且，为了水产养殖、集装箱运输、海水淡化、海底电缆铺设、近海石油和天然气钻探，以及近期的海底采矿等，沿海及海里的基础设施在稳步扩张（见图 6-6），海洋似乎正承受着巨大的压力。雪上加霜的是，一种名为"海底掠夺"（Seabed grabbing）的新型政治 – 工业现象也越来越引起海洋学家的关注。根据《联合国海洋法公约》的条款，沿海国可以通过对传统的 200 海里专属经济区以外的海床区域以及其中丰富的矿藏提出主权主张来申请扩展其大陆架。自从俄罗斯 2001 年首次提出主张，数十个国家也提出了类似的主张。其中包括力图成为大型海洋采矿国的小岛屿国家，例如，南太平洋的库克群岛主张拥有相当于其陆地面积 2 000 倍的海底区域。而澳大利亚最近在亚南极地区无人居住的赫德岛和麦克唐纳群岛周围，获得了额外 250 万平方千米海床的开发权利。这些国家主张的海床面积加起来超过了 3 700 万平方千米，是俄罗斯面积的两倍多。[10]

图 6-6　距离比利时海岸约 30 千米的桑顿海岸风电场（Thorntonbank Wind Farm）

---

① 1992 年底，大浅滩鳕鱼渔业崩溃，一夜之间，35 000 多名渔民和 400 多家沿海社区的工人失业。——编者注

蕾切尔·卡森于 1951 年出版了畅销书《海洋传》（*The Sea Around Us*），她在该书的序言中指出："一个奇怪的现象是，生命最初起源于海洋，但海洋现在却受到其中一种生命形式活动的威胁。"[11] 卡森这一代人最早认识到，从极地到热带，人类活动在海洋的每个角落都留下了印记，而且海洋已经无法承受由此产生的物理、化学和生物压力（见图 6-7）。半个世纪过去了，"奇怪的现象"现在变成了一场危机。几乎每天都有关于海洋的令人担忧的新闻报道，而且报道的内容通常是某个意想不到的地方出现了人为污染，或是新型"怪物"（见图 6-8）对海洋生物产生威胁。

图 6-7　人类活动正给海洋造成压力

注：英吉利海峡中星罗棋布的商业船只和休闲船只，这反映出人类对沿海水域的过度开发和利用。

环境题材的书籍通常以表达希望而非沮丧的文字结尾，但事实上，我们很难对海洋的长远未来抱有希望。当然，的确有许多坚定的活动家在努力提高人们对海洋面临的多重挑战的认识，也有很多鼓舞人心的出版物在结尾列出人们可以采取的保护海洋的有益行动。例如，亚历克斯·罗杰斯（Alex Rogers）在 2019 年出版的《深海》（*The Deep*）的结尾处，总结了每个人可采取的行动，如购物要考虑周详，要倡导环保等；而卡勒姆·罗伯茨在《生命的海洋》一书的结尾，为"问心无愧地食用海鲜"提供了很有见地的指导。[12] 2009 年，世界上最活跃的海洋活动家之一西尔维娅·厄尔（Sylvia Earle）创立了国际运动组织"蓝色使命"（Mission Blue），该组织致力于建立海洋保护区网络，这些保护区也被称为"希望点"。该组织最终目标是到 2030 年 30% 的海洋可以受到保护。在 2021 年 2 月撰写本书时，蓝色使命组织已在全球建立了120 多个海洋保护区，这一成就令人瞩目，但这些海洋保护区的面积加起来也还仅是陆地上受保护的国家公园总面积的一小部分。

保护海洋也许需要一种更激进的方法，比如历史学家戴维·阿布拉法亚（David Abulafia）在 2019 年出版的海洋史权威著作《无垠之海》

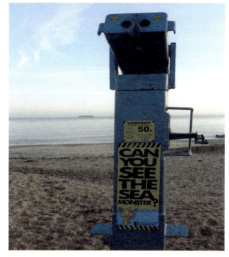

图 6-8　海洋新型"怪物"

注：从海边的一架望远镜里看到一艘集装箱船出现在地平线上，这就是公海上的新型"怪物"。

（The Boundless Sea）的结尾处所提出的观点。阿布拉法亚认为，联合国教科文组织不应依赖现有的保护性立法，而应将海洋直接认定为一个单一且庞大的世界遗产，鼓励各国遵循陆地上类似世界遗产的适用保护规则。例如，可持续性捕鱼可被允许，但破坏性的海底采矿则不被允许。也许到那时，随着海洋成为公认的全球保护区，人类才能学会珍惜海洋及其脆弱的生态系统，才能从过去的错误中吸取教训，就像前面提到的故事中养殖牡蛎的渔民最终学会了让海星自生自灭一样。

前言　大海如歌

1. Carl Jung, *Memories, Dreams, Reflections*, trans. Richard and Clara Winston (London, 1963), p. 339.

2. Carl Jung, *Memories, Dreams, Reflections*, trans. Richard and Clara Winston (London, 1963), pp. 339‑40.

3. Victor Hugo, *The Toilers of the Sea*, trans. James Hogarth (New York, 2002), p. 251.

4. Rose George, *Deep Sea and Foreign Going: Inside Shipping, the Invisible Industry that Brings You 90% of Everything* (London, 2013), pp. 3‑4.

5. W. H. Smyth, *The Sailor's Word-Book: An Alphabetical Digest of Nautical Terms*, revd edn (London, 1867), p. 599. 在同一本书中，"海洋"被定义为"除内陆海、湖泊和河流外，环绕地球的整个咸水水域"。

6. International Hydrographic Organization, *Limits of Oceans and Seas*, 3rd edn (Monaco, 1953).

7. Jules Verne, *Twenty Thousand Leagues Under the Seas*, trans. William Butcher (Oxford, 1998)。奇怪的是，戴维·科沃德（David Coward）在 2017 年出版的企鹅经典译作中选用了单数形式的 sea。值得注意的是，凡尔纳书名中的"两万里"指的是海底的水平距离，而不是垂直距离：书中提及的海底深度中最深的是 16 千米，比世界上海洋中最深的地方，即挑战者深渊还要深约 5 千米。

8. John Smith, *The Seaman's Grammar* (London, 1653), cited in J. H. Parry, 'Sailors' English', Cambridge Journal, 2 (1948—1949), p. 669.

9. *Old English Poems*, trans. Cosette Faust and Stith Thompson (Chicago, IL, 1918), p. 71.

10. Martin Caiger–Smith, *Antony Gormley* (London, 2017), p. 90.

11. Trevor Murphy, *Pliny the Elder's Natural History: The Empire in the Encyclopedia* (Oxford, 2004), p. 172.

12. Caiger–Smith, *Antony Gormley*, p. 91.

第 1 章　海岸线

1. Jonathan Raban, *Passage to Juneau: A Sea and Its Meanings* (London, 1999), p. 213; *The Poems of Matthew Arnold*, ed. Miriam Allott and Robert H. Super (Oxford, 1986), p. 136. 阿诺德写了一首姊妹诗《加莱海滩》，这首诗是诗人从对岸的视角出发来写的，在诗中，诗人竭力想看到海峡对岸的英格兰： *The Poems of Matthew Arnold*, pp. 134‑5。

2. *The Poems of Matthew Arnold*, p. xvii; p. 61.

3. *The Poems of Matthew Arnold*, p. xvii; p. 61, p. xvii.

4. Ian McEwan, *On Chesil Beach* (London, 2007), p. 5.

5. Ian McEwan, *On Chesil Beach* (London, 2007), p. 19.

6. Robert Macfarlane, *The Wild Places* (London, 2007), p. 243.

7. Robert Macfarlane, *Landmarks* (London, 2015), pp. 165‑76.

8. Greenville Collins, *Great Britain's Coasting Pilot* (London, 1693), p. 16.

9. Stephen Crane, 'The Open Boat', in *The Oxford Book of Short Stories*, ed. V. S. Pritchett (Oxford, 1981), pp. 187‑8.

10. Collins, *Great Britain's Coasting Pilot*, p. i.

11. Collins, *Great Britain's Coasting Pilot*, p. 7.

12. Cathryn J. Pearce, *Cornish Wrecking, 1700—1860: Reality and Popular Myth* (Woodbridge,

2010), p. 142.

13. Michael Craton, *A History of the Bahamas* (Ontario, 1986), p. 167.

14. Pearce, *Cornish Wrecking, 1700—1860*, p. 7.

15. Daniel Defoe, *A Tour Through the Whole Island of Great Britain*, ed. Pat Rogers (London, 1986), pp. 235‐6.

16. Pearce, *Cornish Wrecking, 1700—1860*, p. 1.

17. K. R. Howe, Where the Waves Fall: *A New South Sea Islands History from First Settlement to Colonial Rule* (London, 1984), p. 103.

18. Joseph Conrad, Lord Jim: *A Tale, ed. Jacques Berthoud* (Oxford, 2002), p. 5.

19. Howe, *Where the Waves Fall*, pp. 104‐7.

20. Alain Corbin, *The Lure of the Sea: The Discovery of the Seaside in the Western World, 1750—1840*, trans. Jocelyn Phelps (Cambridge, 1994), p. 78.

21. Alain Corbin, *The Lure of the Sea: The Discovery of the Seaside in the Western World, 1750—1840*, trans. Jocelyn Phelps (Cambridge, 1994), p. 78. 完整部分引自 Fred Gray, *Designing the Seaside: Architecture, Society and Nature* (London, 2006), p. 17。

22. Gray, *Designing the Seaside*, p. 17.

23. Gray, *Designing the Seaside*, p. 46. 米什莱的说法因一个事实而降低了可信度，即许多早期的著作都在提倡海水的健康作用，比如约翰·弗洛耶（John Floyer）于 1702 年出版的著作《冷水浴史》（*History of Cold Bathing*）。

24. Gray, Designing the Seaside, p. 21. 学者已发表的研究，如简·英格豪斯（Jan Ingenhousz）于 1780 年发表在《哲学会刊》（*Philosophical Transactions*）上的文章《论海上空气的健康程度》（*On the Degree of Salubrity of the Common Air at Sea*）为海上空气有益健康的说法提供了支持。

25. Gray, *Designing the Seaside*, p. 147.

26. Tobias Smollett, *The Expedition of Humphry Clinker, ed. Lewis M. Knapp* (Oxford, 1984), pp. 178‐9.

27. Tobias Smollett, *The Expedition of Humphry Clinker, ed. Lewis M. Knapp* (Oxford, 1984), p. 179.

28. John Bigsby, *Sea-Side Manual for Invalids and Bathers* (1841), cited in Gray, Designing the Seaside, p. 29.

29. Gray, *Designing the Seaside*, p. 25.

30. Jane Austen, *Persuasion*, ed. James Kinsley (Oxford, 2004), p. 85. 约翰·福尔斯后来在1969 年出版的小说《法国中尉的女人》中构建了这样的场景，这部小说的核心形象是 "一个女人站在一个废弃的码头（莱姆里吉斯的科布码头）尽头，凝视着大海"：John Fowles, 'Notes on an Unfinished Novel', in Malcolm Bradbury, ed., *The Novel Today: Contemporary Writers on Modern Fiction* (Manchester, 1977), p. 136。

31. Jane Austen, *Sanditon*, ed. Kathryn Sutherland (Oxford, 2019), pp. 8, 13.

32. Janet Todd, ' "Lady Susan", "The Watsons" and "Sanditon" ', in *The Cambridge Companion to Jane Austen*, ed. Edward Copeland and Juliet McMaster, 2nd edn (Cambridge, 2011), p. 95.

33. Mavis Batey, *Jane Austen and the English Landscape* (London, 1996), p. 126.

34. Mavis Batey, *Jane Austen and the English Landscape* (London, 1996), p. 126.

35. Edmund Gosse, *Father and Son: A Study of Two Temperaments*, ed. Michael Newton (Oxford, 2004), pp. 59‑60.

36. Edmund Gosse, *The Life of Algernon Charles Swinburne* (London, 1917), p. 8. 在书中，戈斯还声称，斯温伯恩 "从未像现在这样爱大海，即使他是一个英国人"。

37. Algernon Swinburne, *Lesbia Brandon*, ed. Randolph Hughes (London, 1952), p. 7.

38. Algernon Swinburne, *Lesbia Brandon*, ed. Randolph Hughes (London, 1952), pp. 9, 15.

39. Herman Melville, *Moby-Dick; or, The Whale*, ed. Tony Tanner (Oxford, 1988), pp. 1‑2.

40. *The Works of John Ruskin*, ed. E. T. Cook and A. Wedderburn, 39 vols (London, 1902—1912), xxxv, p. 78.

41. *The Works of John Ruskin*,iii,P.494. 1856 年于伦敦出版的《英国海港》主要内容是对透纳的 12 幅英国港口版画的扩展评论。

第 2 章　海洋科学

1.　Curtis Ebbesmeyer and Eric Scigliano, *Flotsametrics and the Floating World* (New York, 2009), pp. 83 – 4.

2.　Matthew Fontaine Maury, *The Physical Geography of the Sea, new edn* (New York, 1858), pp. 29 – 30.

3.　Edgar Allan Poe, *Selected Tales*, ed. Julian Symons (Oxford, 1980), p. 13;Ebbesmeyer and Scigliano, *Flotsametrics and the Floating World*, pp. 55 – 6.

4.　Poe, *Selected Tales*, p. 17.

5.　Charles Dickens and Wilkie Collins, 'A Message from the Sea', in *The Christmas Stories*, ed. Ruth Glancy (London, 1996), p. 381.

6.　Anthea Trodd, 'Messages in Bottles and Collins's Seafaring Man', *Studies in English Literature*, 1500—1900, XLI/4 (2001), pp. 751 – 64.

7.　Ebbesmeyer and Scigliano, *Flotsametrics and the Floating World*, pp. 56 – 7. 伊丽莎白一世设立了"漂流瓶开启者"这一政治标签，她认为一些漂流瓶中可能有英国间谍传递的机密，于是下令处决打开漂流瓶的人。1876 年，在遥远的苏格兰圣基尔达岛上，记者约翰·桑兹（John Sands）和一群被困的奥地利水手发布了两条求救信息。这些信息被装在绑在羊膀胱上的可可罐里，9 天内到达了奥克尼，两周后到达了罗斯郡。这些信息被转交给海军部，不久之后，英国皇家海军豺狼号（HMS Jackal）抵达圣基尔达营救求救者。从那时起，对岛上游客来说，发送"圣基尔达邮船"成为一种仪式，而他们投入海里的漂流瓶，可沿着墨西哥湾流向东到达苏格兰大陆，甚至到达斯堪的纳维亚半岛。

8.　Aristotle, *Meteorologica*, trans. E. W. Webster (Oxford, 1931), 356a – 357b.

9.　Ted McCormick, *William Petty and the Ambitions of Political Arithmetic* (Oxford, 2009), p. 151.

10.　Ted McCormick, *William Petty and the Ambitions of Political Arithmetic* (Oxford, 2009), p. 155.

11. Susan Schlee, *A History of Oceanography: The Edge of an Unfamiliar World* (London, 1975), p. 17.

12. Thomas R. Anderson and Tony Rice, 'Deserts on the Sea Floor: Edward Forbes and his Azoic Hypothesis for a Lifeless Deep Ocean', *Endeavour*, xxx/4 (2006), p. 132.

13. C. P. Idyll, ed., *The Science of the Sea: A History of Oceanography* (London, 1970), p. v.

14. *At Sea With the Scientifics: The 'Challenger' Letters of Joseph Matkin*, ed. Philip F. Rehbock (Honolulu, hi, 1992), p. 40.

15. Helen M. Rozwadowski, *Fathoming the Ocean: The Discovery and Exploration of the Deep Sea* (Cambridge, ma, 2005), p. 191.

16. Schlee, *A History of Oceanography*, p. 16.

17. Rozwadowski, *Fathoming the Ocean*, p. 5.

18. W. H. Smyth, *The Sailor's Word-Book: An Alphabetical Digest of Nautical Terms*, revd edn (London, 1867), p. 172.

19. *Coleridge's Notebooks: A Selection*, ed. Seamus Perry (Oxford, 2002), p. 60.

20. Ralph Abercromby, *Seas and Skies in Many Latitudes; or, Wanderings in Search of Weather* (London, 1888), p. 160.

21. Tristan Gooley, *How to Read Water: Clues, Signs and Patterns from Puddles to the Sea* (London, 2016), p. 253.

22. Tristan Gooley, *How to Read Water: Clues, Signs and Patterns from Puddles to the Sea* (London, 2016), p. 263.

23. Hugh Aldersey–Williams, Tide: *The Science and Lore of the Greatest Force on Earth* (London, 2016), p. 21.

24. Hugh Aldersey–Williams, Tide: *The Science and Lore of the Greatest Force on Earth* (London, 2016), pp. xxxi – ii.

25. Hugh Aldersey–Williams, Tide: *The Science and Lore of the Greatest Force on Earth* (London, 2016), p. 331.

26. Edgar Allan Poe, 'A Descent into the Maelström', in *The Science Fiction of Edgar Allan*

Poe, ed. Harold Beaver (London, 1976), pp. 72‑88; Jules Verne, *Twenty Thousand Leagues Under the Seas*, trans. Lewis Mercier (London, 1872), pp. 300‑302; A. S. Byatt, *The Biographer's Tale* (London, 2000), pp. 246‑8. 拜厄特笔下有个令人难以捉摸的人物，即传记作家斯科尔斯·德斯特里－斯科尔斯（Scholes Destry‑Scholes），人们最后一次看到他时，他正乘坐一艘小船离开挪威的一个渔港。一周后，人们在海里发现这艘被废弃的船，当时这艘船离莫斯克内斯洋流不远，莫斯克内斯洋流在 15 世纪有个更知名的名称，叫"大漩涡"。

27. Poe, 'A Descent into the Maelström', pp. 74‑5.

28. Verne, *Twenty Thousand Leagues*, p. 301. 在小说的结尾，鹦鹉螺号陷入致命的漩涡中，"以令人眩晕的速度旋转"，然后消失在"可怕的海湾"中。

29. Esmond Wright, *Franklin of Philadelphia* (Cambridge, ma, 1986), p. 58.

30. Carl van Doren, *Benjamin Franklin* (New York, 1938), p. 522.

31. A. D. Bache, 'Lecture on the Gulf Stream, Prepared at the Request of the American Association for the Advancement of Science', *American Journal of Science and Arts*, 80 (1860), pp. 313‑29; Hugh Richard Slotten, *Patronage, Practice, and the Culture of American Science: Alexander Dallas Bache and the U.S. Coast Survey* (Cambridge, 1994), pp. 136‑9.

32. Matthew Fontaine Maury, *The Physical Geography of the Sea*, 2nd edn (New York, 1858), pp. 25, 50‑1. 儒勒·凡尔纳的海底小说《海底两万里》（1870 年版）几乎一字不差地再现了这段话。

第 3 章　海洋生物

1. Ernest Hemingway, *The Old Man and the Sea* (New York, 1952), p. 81.

2. Jules Verne, *Twenty Thousand Leagues Under the Seas*, trans. Lewis Mercier (London, 1872), p. 11.

3. Edmund Gosse, *Father and Son: A Study of Two Temperaments, ed. Michael Newton* (Oxford,

2004), p. 82.

4.　Edmund Gosse, *Father and Son: A Study of Two Temperaments, ed. Michael Newton* (Oxford, 2004), p. 81.

5.　Philip Henry Gosse, *A Naturalist's Rambles on the Devonshire Coast* (London, 1853), pp. 25‑6.

6.　Philip Henry Gosse, *The Aquarium: An Unveiling of the Wonders of the Deep Sea*, 2nd edn (London, 1856), pp. 21‑2. 当然，并不是每个人都像维多利亚时代的人一样热衷于研究岩石潭。约翰·罗斯金回忆道，在 19 世纪 30 年代，即他还是个孩子的时候，当时最吸引他的是大海本身，"对于贝壳、虾、杂草或水母，以及可能出现的鹅卵石，对这些东西的自然史，我从来都不感兴趣。我只是整天盯着汹涌的海浪。现在看来，的确很愚蠢": *The Works of John Ruskin*, ed. E. T. Cook and A. Wedderburn, 39 vols (London, 1903—1912), xxxv, p. 78。

7.　Gosse, *The Aquarium*, pp. 55‑6.

8.　Bernd Brunner, *The Ocean at Home: An Illustrated History of the Aquarium* (New York, 2005), pp. 47‑8.

9.　Benjamin Franklin, 'Journal of a Voyage, 1726', in *The Oxford Book of the Sea*, ed. Jonathan Raban (Oxford, 1992), p. 100.

10.　Gosse, *Father and Son*, p. 81.

11.　*The True Discription of this Marueilous Straunge Fishe* (London, 1569).

12.　Mary Colwell, 'How Jaws Misrepresented the Great White'.

13.　Peter Benchley, Jaws (London, 1974), pp. 304‑5.

14.　Edgar Allan Poe, *The Narrative of Arthur Gordon Pym of Nantucket and Related Tales*, ed. J. Gerald Kennedy (Oxford, 1998), p. 100.

15.　Julia K. Baum et al, 'Collapse and Conservation of Shark Populations in the Northwest Atlantic', Science, 299 (2003), pp. 389‑92.

16.　James Honeyborne and Mark Brownlow, *Blue Planet ii: A New World of Hidden Depths* (London, 2017), p. 290.

17. Jody Bourton, 'Giant Bizarre Deep Sea Fish Filmed in Gulf of Mexico', *BBC Earth News*.

18. Pliny the Elder, *Natural History*, trans. H. Rackham, 10 vols (London, 1952), iii, p. 171.

19. Pliny the Elder, *Natural History*, iii, pp. 169 – 71.

20. Pliny the Elder, *Natural History*, iii, pp. 169 – 71.

21. Henry Lee, *Sea Monsters Unmasked* (London, 1883), p. 1.

22. Henry Lee, *Sea Monsters Unmasked* (London, 1883), pp. 4 – 5.

23. Alfred Tennyson, *The Major Works*, ed. Adam Roberts (Oxford, 2009), p. 20.

24. Seamus Perry, *Alfred Tennyson* (Tavistock, 2005), p. 43.

25. The Sea Raiders', in *The Short Stories of H. G. Wells* (London, 1927), pp. 189 – 94.

26. Verne, *Twenty Thousand Leagues*, trans. Mercier, p. 286.

27. Verne, *Twenty Thousand Leagues*, trans. Mercier, p. 276.

28. Victor Hugo, *Toilers of the Sea*, trans. W. Moy Thomas (London, 1911), pp. 294 – 5.

29. Victor Hugo, *Toilers of the Sea*, trans. W. Moy Thomas (London, 1911), p. 295.

30. Yulia V. Ivashchenko and Phillip J. Clapham, 'What's the Catch? Validity of Whaling Data for Japanese Catches of Sperm Whales in the North Pacific', *Royal Society Open Science*, ii/7 (2015).

31. George Mackay Brown, *Selected Poems*: 1954—1992 (London, 1996), pp. 27 – 8.

32. Herman Melville, *Moby-Dick; or, The Whale*, ed. Tony Tanner (Oxford, 1988), pp. 419 – 20.

33. Ian McGuire, *The North Water* (London, 2016), p. 103.

34. Alastair Fothergill and Keith Scholey, *Our Planet* (London, 2019), p. 270

35. Jonny Keeling and Scott Alexander, *Seven Worlds, One Planet: Natural Wonders from Every Continent* (London, 2019), p. 176.

36. Angus Atkinson et al., 'Krill (*Euphausia superba*) Distribution Contracts Southward During Rapid Regional Warming', *Nature Climate Change*, 9 (2019), pp. 142 – 7. 该论文的结论是："分布状况不断变化，已经扰乱了以磷虾为中心的食物网。"

第 4 章　海上航行

1. 1862 年，《航海杂志》（ *The Nautical Magazine* ）的一篇文章向欧洲读者介绍了木条海图，该文章这样描述道，"他们（即马绍尔群岛的居民）通过这些简单的海图来留存和传递关于各个群岛的方向和距离的知识。这些海图由一些小木条组成，制作者将这些小木条系在一起形成直线或曲线，目的是呈现他们可能遇到的洋流或海浪，而这些木条相交的点表示岛屿"：L. H. Gulick, 'Micronesia', *The Nautical Magazine and Naval Chronicle*, 31 (1862), p. 304。

2. Brian Fagan, Beyond the *Blue Horizon: How the Earliest Mariners Unlocked the Secrets of the Oceans* (London, 2012), p. xiii.

3. Joseph Genz, 'Polynesian and Micronesian Navigation', in *The Oxford Encyclopedia of Maritime History*, ed. John B. Hattendorf, 4 vols (Oxford, 2007), iii, pp. 144 – 54.

4. David Lewis, *We, the Navigators: The Ancient Art of Landfinding in the Pacific*, 2nd edn (Honolulu, HI, 1994), p. 244.

5. David Lewis, *We, the Navigators: The Ancient Art of Landfinding in the Pacific*, 2nd edn (Honolulu, HI, 1994), p. 245.

6. David Lewis, *We, the Navigators: The Ancient Art of Landfinding in the Pacific*, 2nd edn (Honolulu, HI, 1994), p. 164.

7. Lyall Watson, *Heaven's Breath: A Natural History of the Wind* (New York, 2019), p. 99.

8. Herodotus, *The Histories*, trans. Aubrey de Sélincourt (Harmondsworth, 1954), p. 255.

9. Thor Heyerdahl, *Early Man and the Ocean* (London, 1978), pp. 24 – 6.

10. Thor Heyerdahl, *Early Man and the Ocean* (London, 1978), p. 36.

11. Watson, *Heaven's Breath*, p. 100.

12. *The Periplus of the Erythraan Sea: Travel and Trace in the Indian Ocean by a Merchant of the First Century*, trans. Wilfred H. Schoff (London, 1912), pp. 37 – 8; Lionel Casson, *The Periplus Maris Erythraei: Text with Introduction, Translation and Commentary* (Princeton, NJ, 1989).

13. E. H. Warmington, *The Commerce Between the Roman Empire and India*, 2nd edn (London, 1974), pp. 58, 67.

14. Pliny the Elder, *Natural History*, trans. W. H. S. Jones, 10 vols (London, 1953), viii, p. 465.

15. Laurence Bergreen, *Over the Edge of the World: Magellan's Terrifying Circumnavigation of the Globe* (New York, 2003), p. 205.

16. Jonathan Raban, *Passage to Juneau: A Sea and Its Meanings* (London, 1999), pp. 93‒5.

17. Greenville Collins, *Great Britain's Coasting Pilot* (London, 1693), p. 16.

18. Joseph Conrad, *Typhoon and Other Tales*, ed. Cedric Watts (Oxford, 1986), pp. 31‒2.

19. Raban, *Passage to Juneau*, p. 98.

20. Watson, *Heaven's Breath*, p. 92.

21. *The Tempest*, i, 2, 197‒201. 关于斯特雷奇和《暴风雨》的相似之处在杰弗里·布洛（Geoffrey Bullough）的《莎士比亚的叙事和戏剧来源》（*Narrative and Dramatic Sources of Shakespeare*）第 8 卷（伦敦，1957—1975）第 275–294 页中有详细描述。另参见奥尔登·T. 沃恩（Alden T. Vaughan）和弗吉尼亚·梅森·沃恩（Virginia Mason Vaughan）的《莎士比亚的卡利班》（*Shakespeare's Caliban*）（剑桥, 1991）的第 40 页以及他们在《暴风雨》的第 42 页对这部剧的介绍，《暴风雨》于 1999 年在伦敦出版，编者为弗吉尼亚·梅森·沃恩和奥尔登·T. 沃恩。约翰·弗莱彻（John Fletcher）和菲利普·马辛杰（Philip Massinger）于 1622 年创作的喜剧《海上航行》（*The Sea Voyage*）借鉴了《暴风雨》的很多背景和故事。

22. *York Mystery Plays: A Selection in Modern Spelling*, ed. Richard Beadle and Pamela M. King (Oxford, 1995), p. 15.

23. *The Towneley Plays*, ed. Martin Stevens and A. C. Cawley, 2 vols (Oxford, 1994), i, p. 43.

24. "任务场景"一词首次出现在蒂姆·英戈尔德的《景观的时间性》（The Temporality of the Landscape）一文中：*World Archaeology*, xxv/2(1993), pp.152–74。

25. John Mack, *The Sea: A Cultural History* (London, 2011), p. 190.

26. W. H. Smyth, *The Sailor's Word-Book: An Alphabetical Digest of Nautical Terms*, revd edn (London, 1867), p. 7; Mack, *The Sea*, p. 190.

27. J. H. Parry, 'Sailors' English', *Cambridge Journal*, 2 (1948—1949), p. 670; and in Mack, The Sea, p. 191.

28. Geoff Dyer, *Another Great Day at Sea: Life Aboard the USS George H. W. Bush* (Edinburgh, 2015), p. 35; Redmond O'Hanlon, *Trawler: A Journey through the North Atlantic* (London, 2003), p. 41.

29. Christer Westerdahl, 'Seal on Land, Elk at Sea: Notes on the Ritual Landscape at the Seaboard', *International Journal of Nautical Archaeology*, XXXIV/1 (2005), p. 4.

30. Christer Westerdahl, 'Seal on Land, Elk at Sea: Notes on the Ritual Landscape at the Seaboard', *International Journal of Nautical Archaeology*, XXXIV/1 (2005), pp. 2 – 8; Mack, *The Sea*, p. 189; Remco Knooihuizen, 'Fishing for Words: The Taboo Language of Shetland Fishermen and the Dating of Norn Language Death', *Transactions of the Philological Society*, 106 (2008), pp. 100 – 113.

31. O'Hanlon, *Trawler*, p. 8.

32. Conrad, *Typhoon and Other Tales*, p.303.

33. Frederick Marryat, *The Phantom Ship* (London, 1839), p. 76.

34. Brian Hicks, Ghost Ship: *The Mysterious True Story of the 'Mary Celeste' and her Missing Crew* (New York, 2004), pp. 20 – 21.

35. John Davis, *The Post-Captain; or, the Wooden Walls Well Manned; Comprehending a View of Naval Society and Manners* (London, 1805), pp. 2, 4; Parry, 'Sailors' English', p. 661. 早期也有以海洋为背景的小说，如笛福于 1720 年出版的海盗故事《海盗船长》（*The Life and Adventures of Captain Singleton*），但戴维斯的小说是第一部反映船上生活及工作条件的作品。

36. Charles Dickens and Wilkie Collins, 'A Message from the Sea', in *The Christmas Stories, ed. Ruth Glancy* (London, 1996), p. 377.

37. Walter Benjamin, 'The Storyteller', in *Illuminations, trans.* Harry Zohn (London, 1973), p. 85.

38. Frederick Marryat, *Peter Simple,* new edn (London, 1888), pp. 207, 256.

39. Christopher Lloyd, *Captain Marryat and the Old Navy* (London, 1939), p. 33; Patrick Brantlinger, *Rule of Darkness: British Literature and Imperialism*, 1830—1914 (Ithaca, NY, 1988), p. 49.

40. Marryat, *Peter Simple*, pp. 92–3.

41. *Joseph Conrad on Fiction*, ed. Walter F. Wright (Lincoln, NE, 1964), p. 48.

42. Elizabeth Molt, 'Language', *in The Oxford Encyclopedia of Maritime History, ii*, p. 318.

43. Fred Weeks et al., *SeaSpeak Training Manual: Essential English for International Maritime Use* (Oxford, 1988).

44. William Langewiesche, *The Outlaw Sea: Chaos and Crime on the World's Oceans* (London, 2005), p. 4.

45. William Langewiesche, *The Outlaw Sea: Chaos and Crime on the World's Oceans* (London, 2005), p. 5.

46. Conrad, *Typhoon and Other Tales*, p. 10.

47. Rose George, *Deep Sea and Foreign Going: Inside Shipping, the Invisible Industry that Brings You 90% of Everything* (London, 2013), p. 21.

48. Krista Maglen, 'Health and Health Care', *in The Oxford Encyclopedia of Maritime History*, ii, pp. 135–6.

49. In Jonathan Swift, *The Complete Poems*, ed. Pat Rogers (Harmondsworth, 1983), p. 208; Herman Melville, *Moby-Dick*, ed. Tony Tanner (Oxford, 1988), p. 500; Edgar Allan Poe, *The Narrative of Arthur Gordon Pym of Nantucket and Related Tales*, ed. J. Gerald Kennedy (Oxford, 1998), p. 74.

第 5 章　海洋艺术

1. *Susan Hiller*, ed. Ann Gallagher (London, 2011), p. 30.

2. 第一次展览的主题商品是一本 60 页的精选明信片集。

3. *Susan Hiller*, p. 76.

4. *The Diary of Virginia Woolf*, ed. Anne Oliver Bell, 5 vols (London, 1984), v, p. 116. 感谢凯瑟琳·安杰尔（Katherine Angel）提供参考资料。

5. *The Works of John Ruskin*, ed. E. T. Cook and A. Wedderburn, 39 vols (London, 1902—1912), iii, p. 561.

6. *The Works of John Ruskin*, iii, pp. 561‑2.

7. David T. Ansted, 'The Representation of Water', *Art Journal*, 2 (1863), p. 13. 这篇论文的摘要收录于由乔纳森·拉班主编的、1992 年在牛津出版的《牛津海洋之书》（*The Oxford Book of the Sea*），第 265—267 页。

8. David Cordingly, *Marine Painting in England*, 1700—1900 (London, 1974), p. 15.

9. Dominic and John Thomas Serres, *Liber Nauticus, and Instructor in the Art of Marine Drawing* (London, 1979), p. 1.

10. Dominic and John Thomas Serres, *Liber Nauticus, and Instructor in the Art of Marine Drawing* (London, 1979), pp. 4‑12.

11. John Watkins, *Life and Career of George* Chambers (London, 1841), pp. 39‑40.

12. Ibid., p. 40.

13. Christine Riding and Richard Johns, *Turner and the Sea* (London, 2013), pp. 11, 13‑14.

14. Christine Riding and Richard Johns, *Turner and the Sea* (London, 2013), p.31.

15. Christine Riding and Richard Johns, *Turner and the Sea* (London, 2013), p.33.

16. James Attlee, *North Sea: A Visual Anthology* (London, 2017), p. 20.

17. Riding and Johns, *Turner and the Sea*, p. 246.

18. Frank Maclean, 'Henry Moore R.A.' (London, 1905), cited in Cordingly, *Marine Painting in England*, p. 173. 摩尔还声称，在一场强风暴期间，他在黑斯廷斯海滩上待了 5 个小时，为自己早期的画作《英吉利海峡的冬季大风》（*Winter Gale in the Channel*）绘制草图。这幅画于 1872 年在伦敦皇家艺术学院展出。

19. John Ruskin, *The Harbours of England* (London, 1856), p. 12.

20. John Ruskin, *The Harbours of England* (London, 1856), pp.23‑4. 凭借对汹涌的大海的高

度赞美，《英国海港》获得了巨大成功。一位评论家将其形容为"一首展现一个国家的散文诗，在这个国家的王座上，海洋就像被囚禁的怪物一样，被锁链束缚着"：*The Works of John Ruskin*, XIII, p.xxi。

21. Mary Morton and Charlotte Eyerman, *Courbet and the Modern Landscape* (Los Angeles, CA, 2006), p. 103; Jack Lindsay, *Gustave Courbet: His Life and Art* (Bath, 1973), p. 237.

22. Morton and Eyerman, *Courbet and the Modern Landscape*, p. 104.

23. Guy de Maupassant, 'La Vie d'un paysagiste', *Gil Blas*, 28 September 1886, in *Etudes, Chroniques et Correspondance de Guy de Maupassant*, ed. René Dumesnil (Paris, 1938), pp. 167‐8.

24. William Howe Downes, *The Life and Works of Winslow Homer* (New York, 1989), p. 176.

25. Edmond de Goncourt, *Hokusai*, 引自 Edward Lockspeiser, *Debussy: His Life and Mind*, 2 vols (London, 1965), ii, p. 24。

26. Timothy Clark, *Hokusai's Great Wave* (London, 2011), pp. 8‐9; Julyan H. E. Cartwright and Hisami Nakamura, 'What Kind of Wave is Hokusai's *Great Wave Off Kanagawa?*', *Notes and Records of the Royal Society*, 63 (2009), pp. 119‐35.

27. 关于这一主题的专著已经有很多，如戴维·科丁利于 1979 年在伦敦出版的《海洋画家》（*Painters of the Sea*），弗兰克·B. 科克特（Frank B. Cockett）于 1999 年在纽约出版的《1660—1730 年间早期海洋画家》（*Early Sea Painters, 1660—1730*），或 E.H. 阿奇博尔德（E. H. Archibald）于 1999 年在纽约出版的《欧美海洋画家词典》（*The Dictionary of Sea Painters of Europe and America*）。

28. Barbara Hepworth, *Carvings and Drawings* (London, 1952), note 4, 未标注页码。

29. Francis Mortimer, 'On a Rocky Coast', *Amateur Photographer*, 38 (1903), 引自 Val Williams and Karen Shepherdson, *Seaside Photographed* (London, 2019), pp. 49‐50。

30. 尽管颇具影响力的纪实摄影师沃克·埃文斯（Walker Evans）继续抨击"自然"主题，宣称"在任何情况下，（摄影者）都不能靠近海滩"：Peter C. Bunnell et al., *EW 100: Centennial Essays in Honor of Edward Weston* (Carmel, 1986), p. 48。

31. British Film Institute, 'Sea Wave Films'.

32. Erika Balsom, *An Oceanic Feeling: Cinema and the Sea* (New Plymouth, NZ, 2018), pp. 17 - 19.

33. Tony Thomas, *The Cinema of the Sea: A Critical Survey and Filmography, 1925—1986* (London, 1988), p. 66.

34. Tony Thomas, *The Cinema of the Sea: A Critical Survey and Filmography, 1925—1986* (London, 1988), p.186.

35. *Debussy Letters*, ed. François Lesure and trans. Roger Nichols (London, 1987), p. 153. 在后来的一封信中，德彪西关于伊斯特本的描述为"一个海滨小镇，但和其他地方一样荒谬可笑，船只进进出出，音乐纷乱嘈杂，我想避开这两者，但我真不知道该去哪里"，p.156。

36. Robert Orledge, 'Debussy the Man', in *The Cambridge Companion to Debussy*, ed. Simon Trezise (Cambridge, 2003), p. 23.

37. Simon Trezise, *Debussy: La Mer* (Cambridge, 1994), p. 14.

38. Caroline Potter, 'Debussy and Nature', *in The Cambridge Companion to Debussy*, p. 149.

39. Lockspeiser, *Debussy*, p. 16.

40. *Debussy Letters*, pp. 163 - 4.

41. Lewis Foreman, *Bax: A Composer and His Times* (London, 1983), p. 150.

42. Aidan J. Thomson, 'Bax's "Sea Symphony"', in *The Sea in the British Musical Imagination*, ed. Eric Saylor and Christopher M. Scheer (Woodbridge, 2015), pp. 226 - 7.

43. Aidan J. Thomson, 'Bax's "Sea Symphony"', in *The Sea in the British Musical Imagination*, ed. Eric Saylor and Christopher M. Scheer (Woodbridge, 2015), p.228.

44. Grace Williams, *Sea Sketches for String Orchestra* (Oxford, 1951), p. i.

45. Jenny Doctor, 'Afterword: Channelling the Swaying Sound of the Sea', in *The Sea in the British Musical Imagination*, p. 270.

46. Jenny Doctor, 'Afterword: Channelling the Swaying Sound of the Sea', in *The Sea in the British Musical Imagination*, p.271.

47. Jenny Doctor, 'Afterword: Channelling the Swaying Sound of the Sea', in *The Sea in the*

British Musical Imagination, p.270.

48. Jenny Doctor, 'Afterword: Channelling the Swaying Sound of the Sea', in *The Sea in the British Musical Imagination*, p.273.

49. Desmond Wettern, *The Decline of British Seapower* (London, 1982), p. i. 大规模海战如今很少见了，因为拥有强大海军的国家很少交战。现在大多数战争要么是内战，要么是某种形式的不对等战争，而且往往在陆地上进行，一般都有军用飞机参与。现代海军的主要作用是利用其对海上航道的控制，向陆地投送武力。

50. Stuart M. Frank, 'Ballads and Chanteys', in *The Oxford Encyclopedia of Maritime History*, ed. John B. Hattendorf, 4 vols (Oxford, 2007), i, pp. 246‐9.

51. Eugene O'Neill, *The Long Voyage Home: Seven Plays of the Sea* (New York, 1940), p. 9.

52. Eugene O'Neill, *The Long Voyage Home: Seven Plays of the Sea* (New York, 1940), p. 10.

53. Frank, 'Ballads and Chanteys', p. 248.

结语：海洋的未来

1. Colum McCann, *Fishing the Sloe-black River*(London,1995), p. 35.

2. *Fishery Board Annual Report*, 1850, 引自 Peter Jones et al., 'Early Evidence of the Impact of Preindustrial Fishing on Fish Stocks from the Mid‐West and Southeast Coastal Fisheries of Scotland in the 19th Century', *ICES Journal of Marine Science*, LXXIII/5 (2016), pp. 1410—1414。

3. *The Collected Poems of W. B. Yeats*, ed. Richard J. Finneran (London, 1991), p. 21.

4. Edgar J. March, *Sailing Trawlers: The Story of Deep-sea Fishing with Long Line and Trawl* (Newton Abbot, 1970), p. 33.

5. Matthew Gianni, *High Seas Bottom Trawl Fisheries and their Impacts on the Biodiversity of Vulnerable Deep-sea Ecosystems: Options for International Action* (Gland, Switzerland, 2004), p. 2. 'Ban on "Brutal" Fishing Blocked'.

6. Boris Worm et al., 'Impacts of Biodiversity Loss on Ocean Ecosystem Services', *Science*, 314 (2006), pp. 787–90.

7. James Honeyborne and Mark Brownlow, *Blue Planet II: A New World of Hidden Depths* (London, 2017), p. 284.

8. Ruben van Hooidonk et al., 'Local-scale Projections of Coral Reef Futures and Implications of the Paris Agreement', *Nature Scientific Reports*, 6 (2016).

9. Callum Roberts, *Ocean of Life: How Our Seas Are Changing* (London, 2012), p. 107.

10. Jean-Baptiste Jouffray et al., 'The Blue Acceleration: The Trajectory of Human Expansion into the Ocean', *One Earth*, 2 (2020), pp. 44–54.

11. Rachel Carson, *The Sea Around Us*, new edn (Oxford, 1961), p. v.

12. Alex Rogers, *The Deep: The Hidden Wonders of Our Oceans and How We Can Protect Them* (London, 2019), pp. 333–44; Roberts, *Ocean of Life*, pp. 318–31.

Abulafia, David, *The Great Sea: A Human History of the Mediterranean* (London, 2012)

Abulafia, David, *The Boundless Sea: A Human History of the Oceans* (London, 2019)

Armitage, David et al., eds, *Oceanic Histories* (Cambridge, 2018)

Attlee, James, *North Sea: A Visual Anthology* (London, 2017)

Balsom, Erika, *An Oceanic Feeling: Cinema and the Sea* (New Plymouth, NZ, 2018)

Barkham, Patrick, Coastlines: The Story of Our Shore (London, 2015)

Bathurst, Bella, *The Wreckers: A Story of Killing Seas, False Lights and Plundered Ships* (London, 2005)

Bennett, Jonathan, *Around the Coast in Eighty Waves* (Dingwall, 2016)

Blass, Tom, *The Naked Shore: Of the North Sea* (London, 2015)

Burnett, John, *Dangerous Waters: Modern Piracy and Terror on the High Seas* (New York, 2003)

Carpenter, J. R., *An Ocean of Static* (London, 2018)

Carson, Rachel, *The Sea Around Us, new edn* (Oxford, 1961)

Clare, Horatio, *Down to the Sea in Ships: Of Ageless Oceans and Modern Men* (London, 2014)

Clare, Horatio, *Icebreaker: A Voyage Far North* (London, 2017)

Cohen, Margaret, *The Novel and the Sea* (Princeton, NJ, 2010)

Compton, Nic, *Off the Deep End: A History of Madness at Sea* (London, 2017)

Corbin, Alain, *The Lure of the Sea: The Discovery of the Seaside in the Western World, 1750–1840*, trans. Jocelyn Phelps (Cambridge, 1994)

Cordingly, David, *Marine Painting in England, 1700–1900* (London, 1974)

Cornish, Vaughan, *Waves of the Sea and Other Water Waves* (London, 1910)

Cornish, Vaughan, *Ocean Waves and Kindred Geophysical Phenomena* (Cambridge, 1934)

Cunliffe, Barry, *The Extraordinary Voyage of Pytheas the Greek* (London, 2001)

Cunliffe, Barry, *On the Ocean: The Mediterranean and the Atlantic from Prehistory to AD 1500* (Oxford, 2017)

Deacon, Margaret, *Scientists and the Sea, 1650–1900: A Study of Marine Science*, 2nd edn (London, 1997)

Dear, I.C.B., and Peter Kemp, eds, *The Oxford Companion to Ships and the Sea*, 2nd edn (Oxford, 2005)

Doherty, Kieran, *Sea Venture: Shipwreck, Survival, and the Salvation of the First English Colony in the New World* (New York, 2007)

Dyer, Geoff, *Another Great Day at Sea: Life Aboard the USS George H. W. Bush* (Edinburgh, 2015)

Earle, Sylvia, *Sea Change: A Message of the Oceans* (New York, 1995)

Earle, Sylvia, *The World Is Blue: How Our Fate and the Ocean's Are One* (Washington, DC, 2009)

Ebbesmeyer, Curtis, and Eric Scigliano, *Flotsametrics and the Floating World* (New York, 2009)

Edwards, Philip, *The Story of the Voyage: Sea-narratives in Eighteen-thcentury England* (New York, 1994)

Fagan, Brian, *Beyond the Blue Horizon: How the Earliest Mariners Unlocked the Secrets of the Oceans* (London, 2012)

Fagan, Brian, *The Attacking Ocean: The Past, Present and Future of Rising Sea Levels* (London, 2013)

Falconer, William, *Universal Dictionary of the Marine* (London, 1771)

George, Rose, *Deep Sea and Foreign Going: Inside Shipping, the Invisible Industry that Brings You 90% of Everything* (London, 2013)

Gilroy, Paul, *The Black Atlantic: Modernity and Double Consciousness* (London, 1993)

Gooley, Tristan, *How to Read Water: Clues, Signs and Patterns from Puddles to the Sea* (London, 2016)

Gray, Fred, *Designing the Seaside: Architecture, Society and Nature* (London, 2006)

Hamblyn, Richard, *Tsunami: Nature and Culture* (London, 2014)

Hamilton–Paterson, James, *Seven-tenths: The Sea and Its Thresholds*, 2nd edn (London, 2007)

Hattendorf, John B., ed., *The Oxford Encyclopedia of Maritime History*, 4 vols (Oxford, 2007)

Hay, David, *No Star at the Pole: A History of Navigation from the Stone Age to the 20th Century* (London, 1972)

Hoare, Philip, *Leviathan; or, the Whale* (London, 2008)

Hoare, Philip, *The Sea Inside* (London, 2013)

Hoare, Philip, *RisingTideFallingStar* (London, 2017)

Hobbs, Carl H., The Beach Book: *Science of the Shore* (New York, 2012)

Hohn, Donovan, Moby–Duck: *The True Story of 28,800 Bath Toys Lost at Sea* (London, 2012)

Klein, Bernhard, ed., *Fictions of the Sea: Critical Perspectives on the Ocean in British Literature and Culture* (Aldershot, 2002)

Klein, Bernhard, and Gesa Mackenthum, eds, *Sea Changes: Historicizing the Ocean* (London, 2004)

Langewiesche, William, *The Outlaw Sea: Chaos and Crime on the World's Oceans* (London, 2005)

Lavery, Brian, *The Conquest of the Ocean: The Illustrated History of Seafaring* (London, 2013)

Macfarlane, Robert, *The Wild Places* (London, 2007)

Lavery, Brian, *Landmarks* (London, 2015)

Mack, John, *The Sea: A Cultural History* (London, 2011)

McKeever, William, *Emperors of the Deep: Sharks, The Ocean's Most Mysterious, Most Misunderstood, and Most Important Guardians* (London, 2019)

Mazzantini, Margaret, *Morning Sea: A Novel, trans. Ann Gagliardi* (London, 2015)

Myles, Douglas, *The Great Waves* (New York, 1985)

Nancollas, Tom, *Seashaken Houses: A Lighthouse History from Eddystone to Fastnet* (London, 2018)

O'Hanlon, Redmond, *Trawler: A Journey through the North Atlantic* (London, 2003)

Orsenna, Érik, *Portrait of the Gulf Stream: In Praise of Currents, trans. Moishe Black* (London, 2008)

Paine, Lincoln, *The Sea and Civilization: A Maritime History of the World* (London, 2014)

Parker, Bruce, *The Power of the Sea* (New York, 2010)

Pretor–Pinney, Gavin, *The Wavewatcher's Companion* (London, 2010)

Pye, Michael, *The Edge of the World: How the North Sea Made Us Who We Are* (London, 2014)

Raban, Jonathan, *Coasting: A Private Voyage* (London, 1986)

Raban, Jonathan, ed., *The Oxford Book of the Sea* (Oxford, 1992)

Raban, Jonathan, *Passage to Juneau: A Sea and Its Meanings* (London, 1999)

Rambelli, Fabio, *The Sea and the Sacred in Japan: Aspects of Maritime Religion* (London, 2018)

Riding, Christine, and Richard Johns, *Turner and the Sea* (London, 2013)

Roberts, Callum, *The Unnatural History of the Sea: The Past and Future of Humanity and Fishing* (London, 2007)

Roberts, Callum, *Ocean of Life: How Our Seas Are Changing* (London, 2012)

Rogers, Alex, The Deep: *The Hidden Wonders of Our Oceans and How We Can Protect Them* (London, 2019)

Rothwell, Donald R. et al., eds, *The Oxford Handbook of the Law of the Sea* (Oxford, 2015)

Rozwadowski, Helen M., *Fathoming the Ocean: The Discovery and Exploration of the Deep Sea* (Cambridge, MA, 2005)

Rozwadowski, Helen M., *Vast Expanses: A History of the Oceans* (London, 2018)

Runcie, Charlotte, *Salt on Your Tongue: Women and the Sea* (Edinburgh, 2019)

Ryan, William, and Walter Pitman, *Noah's Flood: The New Scientific Discoveries about the Event that Changed History* (New York, 1999)

Saylor, Eric, and Christopher M. Scheer, eds, *The Sea in the British Musical Imagination* (Woodbridge, 2015)

Schlee, Susan, *A History of Oceanography: The Edge of an Unfamiliar World* (London, 1975)

Stroksnes, Morten, Shark Drunk: *The Art of Catching a Large Shark from a Tiny Rubber Dinghy in a Big Ocean, trans. Tiina Nunnally* (London, 2017)

Thomas, Tony, *The Cinema of the Sea: A Critical Survey and Filmography, 1925–1986* (London, 1988)

Thompson, Christina, *Sea People: In Search of the Ancient Navigators of the Pacific* (London, 2019)

Thomson, David, *The People of the Sea: Celtic Tales of the Seal-folk* (Edinburgh, 2011)

Thomson, William, *The Book of Tides: A Journey Through the Coastal Waters of Our Island* (London, 2016)

Thoreau, Henry David, *Cape Cod*, ed. Joseph J. Moldenhauer (Princeton, NJ, 2004)

Urbina, Ian, *The Outlaw Ocean: Crime and Survival in the Last Untamed Frontier* (London, 2019)

White, Jonathan, *Tides: The Science and Spirit of the Ocean* (San Antonio, tx, 2017)

Whitworth, Victoria, *Swimming with Seals* (London, 2017)

Williams, Val, and Karen Shepherdson, *Seaside Photographed* (London, 2019)

Winton, John, ed., *The War at Sea, 1939–1945: An Anthology of Personal Experience* (London, 1967)

　　感谢丹尼尔·艾伦（Daniel Allen）和迈克尔·利曼（Michael Leaman）委托我撰写此书，感谢他们对本书进行了编辑。感谢埃米·索尔特（Amy Salter）、苏珊娜·杰伊斯（Susannah Jayes）和瑞科图书出版社（Reaktion）的所有编辑和设计师，感谢他们对书稿认真细致的处理。感谢大英图书馆、科学博物馆（Science Museum Library）、伯克贝克图书馆（Birkbeck Library）和伦敦大学的参议院图书馆（Senate House Library）的工作人员，这本书的大部分内容都是在这些图书馆完成的。还要感谢我的家人、朋友和同事，这些年来，他们和我一起讨论大海，有时还和我一起去看海，其中包括乔恩·亚当斯（Jon Adams）、朱莉娅·贝尔（Julia Bell）、李·克里斯蒂恩（Lee Christien）、格雷戈里·达特（Gregory Dart）、约翰·德雷弗（John Drever）、马尔克曼·埃利斯（Markman Ellis）、安杰拉·福斯特（Angela Foster）、海伦·弗罗西（Helen Frosi）、戴维·汉布林（David Hamblyn）、乔纳森·肯普（Jonathan Kemp）、菲尔·梅奥（Phil Mayo）、利纳·穆勒（Lena Müller）、迈克尔·牛顿（Michael Newton）、加文·普雷特－平尼（Gavin Pretor-Pinney）、乔治·雷维尔（George Revill）、阿南达·拉瑟福德（Ananda Rutherford）、埃德·辛普森（Ade Simpson）和科林·蒂文（Colin Teevan）。然而，我最诚挚的感谢和爱，还是要献给乔（Jo）、本和杰西。谨将本书献给他们。

未来，属于终身学习者

我们正在亲历前所未有的变革——互联网改变了信息传递的方式，指数级技术快速发展并颠覆商业世界，人工智能正在侵占越来越多的人类领地。

面对这些变化，我们需要问自己：未来需要什么样的人才？

答案是，成为终身学习者。终身学习意味着具备全面的知识结构、强大的逻辑思考能力和敏锐的感知力。这是一套能够在不断变化中随时重建、更新认知体系的能力。阅读，无疑是帮助我们整合这些能力的最佳途径。

在充满不确定性的时代，答案并不总是简单地出现在书本之中。"读万卷书"不仅要亲自阅读、广泛阅读，也需要我们深入探索好书的内部世界，让知识不再局限于书本之中。

湛庐阅读 App: 与最聪明的人共同进化

我们现在推出全新的湛庐阅读 App，它将成为您在书本之外，践行终身学习的场所。

- 不用考虑"读什么"。这里汇集了湛庐所有纸质书、电子书、有声书和各种阅读服务。
- 可以学习"怎么读"。我们提供包括课程、精读班和讲书在内的全方位阅读解决方案。
- 谁来领读？您能最先了解到作者、译者、专家等大咖的前沿洞见，他们是高质量思想的源泉。
- 与谁共读？您将加入到优秀的读者和终身学习者的行列，他们对阅读和学习具有持久的热情和源源不断的动力。

在湛庐阅读 App 首页，编辑为您精选了经典书目和优质音视频内容，每天早、中、晚更新，满足您不间断的阅读需求。

【特别专题】【主题书单】【人物特写】等原创专栏，提供专业、深度的解读和选书参考，回应社会议题，是您了解湛庐近千位重要作者思想的独家渠道。

在每本图书的详情页，您将通过深度导读栏目【专家视点】【深度访谈】和【书评】读懂、读透一本好书。

通过这个不设限的学习平台，您在任何时间、任何地点都能获得有价值的思想，并通过阅读实现终身学习。我们邀您共建一个与最聪明的人共同进化的社区，使其成为先进思想交汇的聚集地，这正是我们的使命和价值所在。

CHEERS

湛庐阅读 App
使用指南

读什么
- 纸质书
- 电子书
- 有声书

怎么读
- 课程
- 精读班
- 讲书
- 测一测
- 参考文献
- 图片资料

与谁共读
- 主题书单
- 特别专题
- 人物特写
- 日更专栏
- 编辑推荐

谁来领读
- 专家视点
- 深度访谈
- 书评
- 精彩视频

HERE COMES EVERYBODY

下载湛庐阅读 App
一站获取阅读服务

图书在版编目（CIP）数据

海洋与文明 /（英）理查德·汉布林
（Richard Hamblyn）著；张焕香，白云琦译 . -- 杭州 ：
浙江教育出版社，2023.9
　ISBN 978-7-5722-6448-1

　Ⅰ . ①海… Ⅱ . ①理… ②张… ③白… Ⅲ . ①海洋－
影响－世界史－文化史－研究 Ⅳ . ① K103

中国国家版本馆 CIP 数据核字（2023）第 159444 号

浙 江 省 版 权 局
著作权合同登记号
图字 :11-2023-315 号

上架指导 : 科普 / 海洋

海洋与文明
HAIYANG YU WENMING

［英］理查德·汉布林（Richard Hamblyn）　著

张焕香　白云琦　译

责任编辑：傅美贤　李　剑
美术编辑：韩　波
责任校对：余理阳
责任印务：陈　沁
封面设计：ablackcover.com
出版发行：浙江教育出版社（杭州市天目山路 40 号）
印　　刷：北京盛通印刷股份有限公司

开　　本：	720mm × 965mm 1/16		**插　　页：**	1
印　　张：	13.75		**字　　数：**	208 千字
版　　次：	2023 年 9 月第 1 版		**印　　次：**	2023 年 9 月第 1 次印刷
书　　号：	ISBN 978-7-5722-6448-1		**定　　价：**	109.90 元

如发现印装质量问题，影响阅读，请致电 010-56676359 联系调换。